地団駄は島根で踏め

行って・見て・触れる《語源の旅》

わぐりたかし

光文社新書

旅のはじめに　「語源ハンター」のススメ

実は、名刺に「放送作家・語源ハンター　わぐりたかし」と印刷している。

語源ハンターとは、「語源遺産」をめぐり歩く「日本語の旅人」のことだ。

「世界遺産」ではない。「語源遺産」である。

語源遺産とは、ふだん日常会話でなにげなく使っている言葉の「語源」にゆかりのある「場所や地域」のことをいう。ある言葉が生まれたり、広く知られるきっかけとなった土地の「習俗《しゅうぞく》」や「祭祀《さいし》」、「伝説」だったり、ときには、その土地の「人」や「モノ」、はたまたそこで起きた「事件」を指すこともある。

いずれにしても、言葉の語源が、ある特定の土地と結びついているケースは、探すと意外にあるものだ。

いくつか例を挙げてみよう。

「急がば回れ」（滋賀県・草津市）
「ごたごた」（神奈川県・鎌倉市）
「らちがあかない」（京都府・京都市北区）
「ひとりずもう」（愛媛県・今治《いまばり》市大三島町《おおみしまちょう》）
「あこぎ」（三重県・津《つ》市）
「うやむや」（秋田県・にかほ市、山形県・遊佐町《ゆざまち》）
「もとのもくあみ」（奈良県・奈良市、生駒《いこま》市）
「ごり押し」（石川県・金沢市）

などなど、例を挙げ出したらきりがない。

ちなみに、現在確認できている語源遺産は、国内だけで一四七カ所ある。

語源ハンターは、日本各地にあるそうした語源遺産を訪ねて、現地の人たちとふれあい、言葉が誕生した背景や物語を発掘する。

語源というテーマを持って旅に出ると、もう一つの日本の風景が見えてくる。言葉にまとわりついているベールを一枚ずつ剥《は》がしていくと、その奥に秘められた歴史ロマンが、眠りから目覚めてあざやかによみがえってくるのだ。

それになにより、「語源を訪ねてやってきました」というひと言が、旅先で地元の人と心を通わす魔法の呪文《じゅもん》になる。

先にお断りしておくと、この本は、国語学や言語学の研究書でもなければ、語源辞典でもない。あるいは、そうした専門書や辞典の孫引きで成立している雑学ウンチク本でもない。ふだんなにげなく使っている言葉の語源をきっかけに、日本各地を旅するガイドブックであり、実際に自分の足でこれまで歩いてきた「語源ハンティング」の記録である。

学問の世界では、「(答えのない)語源には手を出すな!」といわれているらしい。逆に「いまどき語源なんて、わざわざ旅に出なくても、インターネットで調べればすぐにわかる」と、ネット情報を鵜《う》呑《の》みにしたり、過信している人も少なからずいる。

そういう人は、みすみすチャンスを逃している。ひとたび「語源をめぐる旅」を体験したら、絶対にやみつきになること請《う》け合いだ。語源をきっかけに、実際に旅することで、「日本語」と、そして「日本」そのものが、きっと、もっと、好きになる。

さあ、幸運にもこの本を手に取ったあなたは、今日からめでたく語源ハンターの仲間入りだ。さっそく一緒に〝語源遺産の旅〟に出よう!

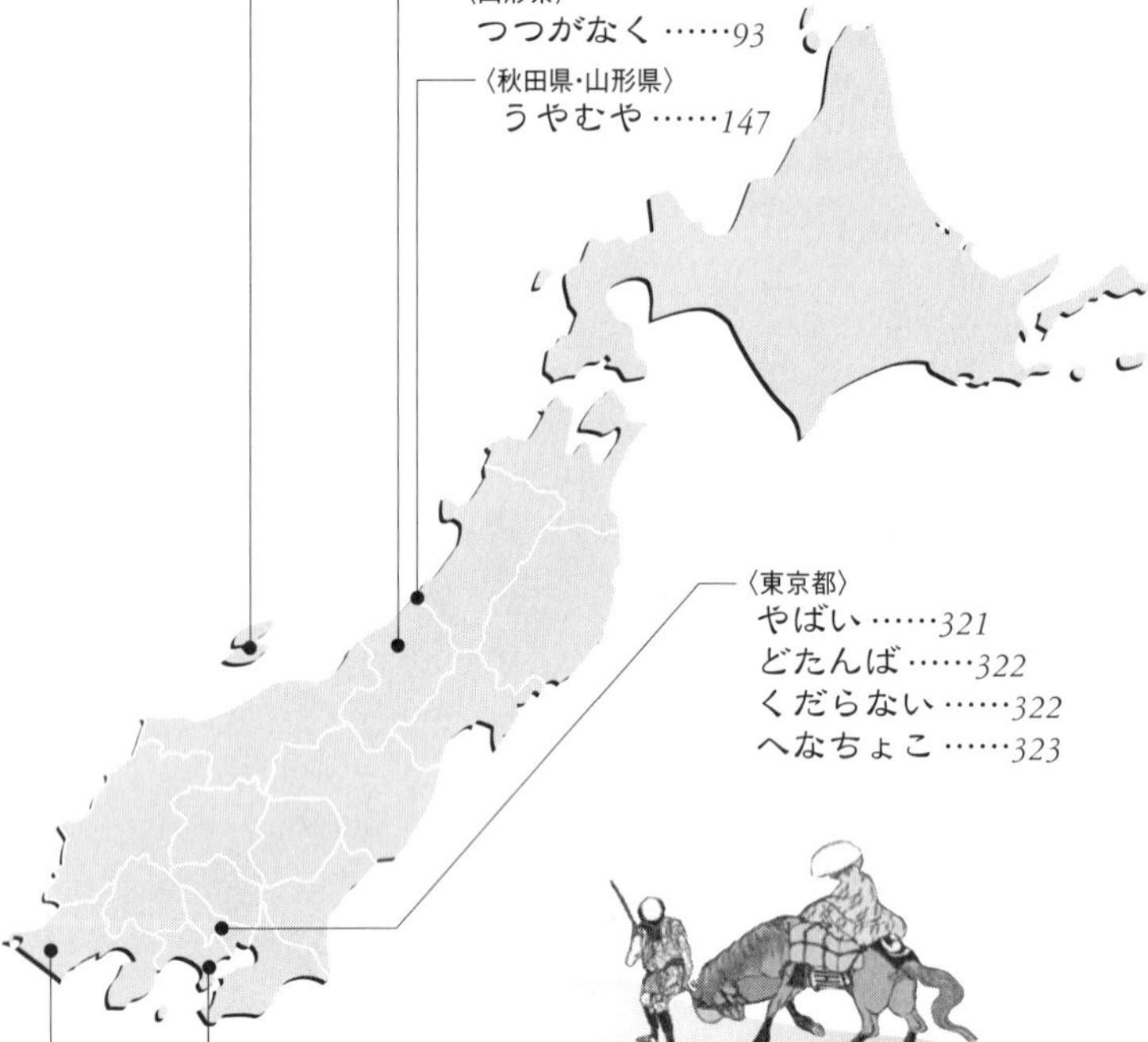

地団駄は島根で踏め　目次

行って・見て・触れる《語源の旅》

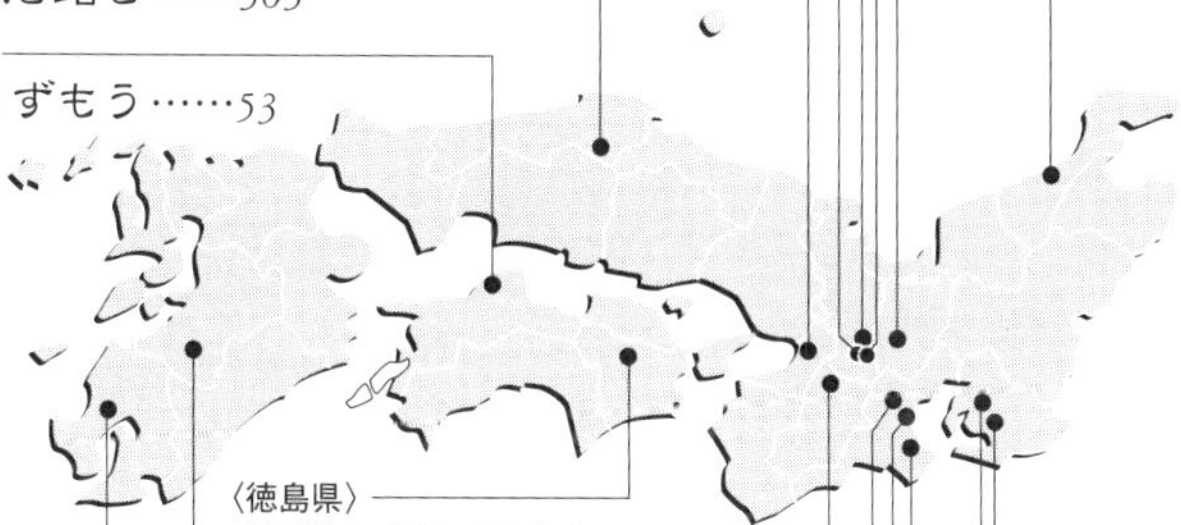

急《いそ》がば回《まわ》れ

滋賀県

危険な近道よりも、安全な本道をまわった方が結局早く目的地につく意。成果を急ぐなら、一見迂遠でも着実な方法をとった方がよい。

（広辞苑）

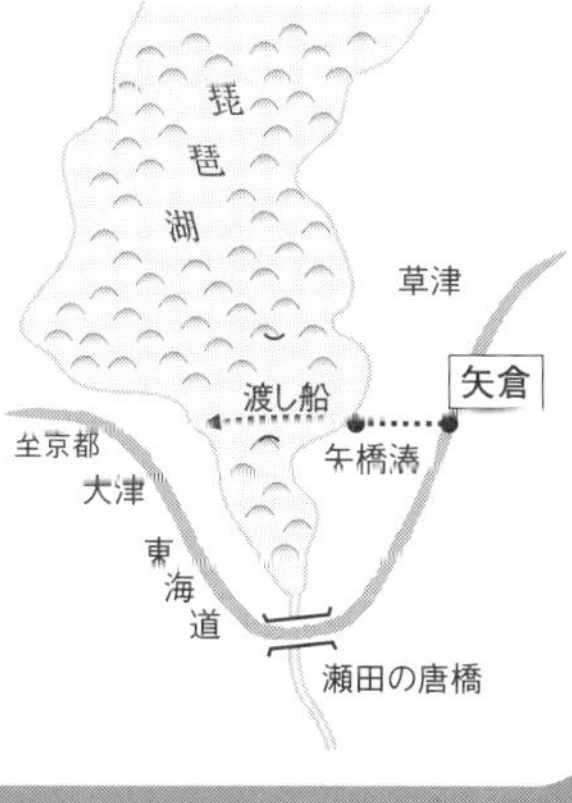

「急がば回れ」というありがたい言葉が誕生した歴史的な場所がある。東海道五十三次《ごじゅうさんつぎ》、お江戸日本橋から五十二番目、草津宿《くさつじゅく》の界隈《かいわい》だ。

そこでは、急いで近道をいくのか、それとも時間はよけいにかかっても回り道をするのか、江戸から京都へ向かう旅人は、AかBかの選択を迫られたという。

それはときに、命にもかかわる選択だった。

ふだんづかいの慣用句で、これほどピンポイントで言葉の発生地点がわかっているケースは、そうそうはない。語源遺産の代表格といえる。

ということで、善は急げ、あ、いやいや、急《せ》いては事を仕損じる。急がば回れ。ベンチャーズの大ヒットナンバー『ウォーク・ドント・ラン』(急がば回れ)をハミングしながら、さあ、旅のはじまりだ。

東海道新幹線で京都駅までいき、東海道本線(琵琶湖線)に乗り換えて、東へ戻ること約二〇分、滋賀県草津市JR草津駅に着く。そこから旧街道を歩く。

めざすは、街道名物をあきなう一軒の茶屋があった場所。

実は一枚の浮世絵に、「急がば回れ」誕生の秘密が、あたかもダ・ヴィンチ・コードのご

歌川広重『東海道五十三次』（保永堂版）に「急がば回れ」の秘密が！

とくひそやかに印《しる》されている。

歌川広重《うたがわひろしげ》作『東海道五十三次・草津』の旅景色。モチーフになっているのは、あべかわ餅と並ぶ東海道名物、芭蕉《ばしょう》も愛《め》でた「うばがもち」が評判の茶屋。浮世絵に入り込んで、中をひょいとのぞくと、休息をとる旅人でにぎわい、店先を駕籠《かご》かきや人足《にんそく》たちが行き交っている。

で、よく見ると、茶屋の正面右側の軒下《のきした》に、人の背丈《せたけ》ほどの道しるべが立っていて、そこから脇道へと通じている。そして、笠をかぶった旅人が、まさにこれからその脇道をいこうとしている。

そう、この道しるべと脇道こそが、「急がば回れ」誕生の秘密の鍵をにぎっているのだ。いったいそこで何が……。

かくして、語源遺産の道しるべを探し求めて、旧街道を歩くことに。

京都、大阪のベッドタウンとなっている草津の駅周辺には、新築高層マンションが林立《りんりつ》している。駅前ターミナルのビル群を抜け、駅東口からまっすぐ一〇〇メートルいくと右手に、アーケードでおおわれた昭和のにおいがする商店街にいきあたる。旧街道だ。どれどれと、ひやかしながら歩みを進めるが、昼日中《ひるひなか》のいい時間帯だというのに人影もまばら。

「マンションがいっぱい建って人は増えたんだけど、みんな駅の向こうのショッピングセンターにいっちゃうのよね」

と、大阪からこの地に嫁《とつ》いで四〇年だというお好み焼き屋のおばちゃんが、店先にある鉄板でソース焼きそばのいいにおいをさせながら嘆《なげ》く。

全国でよく聞く話だ。ところがよく見ると、かろうじて生き残っている店がどれもこれも味があって、思わず寄り道をしてしまいたくなる魅力あるラインナップなのだ。

江戸から明治にかけて創業の雑貨商や呉服店、傘や提灯《ちょうちん》、和ろうそくの店に、近江《おうみ》茶をあつかう茶園やまんじゅう屋。江戸後期、天保《てんぽう》年間（一八三〇～四四年）からつづく旅籠《はたご》「野村屋」は現役の旅館だという。

そんななかに雰囲気のある酒蔵「太田酒造《おおた》」があり、立ち寄ると利《き》き酒をすすめられて、ついついほろ酔い気分に。聞けば、江戸城を築城した太田道灌《どうかん》の末裔《まつえい》が営んでいるというから おそれいった。

街並みを整備すれば、歴史散歩にはうってつけの街道に早変わりするはずだ。

江戸と京阪間《けいはん》をむすぶ二本の街道、東海道と中山道《なかせんどう》が交わるこの草津の宿は、かつて参勤交代や伊勢参りの宿場《しゅくば》としてにぎわう東西交通の要衝《ようしょう》だった。最盛期には本陣《ほんじん》二軒、脇本《わき》陣二軒、それに七〇あまりの旅籠が軒をつらねていたという。

今も、この地方独特の黒くすすけた焼き板塀《いたべい》の旧家や老舗《しにせ》が立ちならび、江戸の風情《ふぜい》をそこかしこにただよわせている。ありがちな駅前のあじけない風景をあとにしてわずかのあいだに、まるで別世界のワンダーランドへと突入するこの感じ、悪くない。

にわかに雨が落ちてきた。

「たのもう！」

雨宿りもかねて、草津宿本陣の門をくぐる。受付で井戸端会議中のご婦人ふたりが、「あら、こんな日にお客さん、めずらしいわね」といった面持《おもも》ちでチケットを切ってくれる。

草津宿本陣は、旧東海道に今も残る最大級の本陣で、国指定の史跡となっている。敷地面積一三〇五坪に、四六八坪の平屋妻入《ひらやつま》りの建物。部屋数は三九室、二六八畳。長い畳廊下の両サイドに大広間がならび、いちばん奥に大名などメインゲストが泊まった格式の高い「上段の間」がひかえている。

土間や台所、湯殿《ゆどの》や雪隠《せっちん》（昔のトイレ）までもが見事に昔のままに保存されていて興味深い。展示されている宿帳《やどちょう》をのぞくと、忠臣蔵《ちゅうしんぐら》の浅野内匠頭《あさのたくみのかみ》や吉良上野介《きらこうずけのすけ》、新撰組《しんせんぐみ》の土方《ひじかた》歳三《としぞう》らの名前を見つけることができる。

小雨そぼふる土曜の午後。もったいないことにというか、ありがたいことにというか、訪れる人はほかに誰ひとりいない。広々とした本陣をまるでわが家のようにひとり占めして、大広間の畳の上に横になってみる。

時間はたっぷりある。急ぐ旅ではない。なんたって急がば回れの旅なのだから。

幕末の動乱期、新撰組が宿をとり、皇女和宮《こうじょかずのみや》が将軍の妻となるため江戸へ向かう途中立ち寄った歴史的な本陣で、うとうとひと休み。どうやら利き酒が心地よくきいてきたみたいだ。

さて、雨はやみそうもない。ならばしかたあるまい、濡れていこう。

本陣から街道をくだって二〇〇メートルほどいったところに、脇本陣にあたる建物を利用した「草津宿街道交流館」がある。それほど期待はしていなかったが、旅籠の食事や旅装《たびしょう》束《ぞく》の展示などがあり、当時の旅のスタイルがリアルにわかって大いに勉強になる。

資料も豊富で地元の物産もひと通り扱っていて、なかなかあなどれない施設とみたが、ここも雨のせいか訪れる客は多くはない。旅人の資料館なのに旅人はあまり来ないという。

どうやら近江路《おうみじ》というと、わかりやすく近江商人の栄華の跡を今にのこすメジャーな観光地、近江八幡《はちまん》へいってしまうようだ。

だが、語源ハンターは、観光地だからその地を訪れるわけではない。そこが、誰もが知っている言葉の発祥の地だからこそ足を運ぶ。「語源」というテーマを持って歩くと、なにげない日本の風景がまったくちがって見えてくる。それが醍醐味《だいごみ》だ。

さあ、交流館から、さらに街道をくだること約一キロ。道幅はしだいに狭くなり、すっかりあたりは住宅街となってきて、ひょっとしてうっかり見逃してしまったのかと心配になってきたその矢先。

あった、あった、ありました！　「急がば回れ」発祥の地の道しるべが！

ここが、「急がば回れ」が生まれたT字路。かどに建つ瓢泉堂の軒下には、広重の絵に描かれた道しるべが今もある

駅前から勘定すると距離にしておよそ二キロ。草津市矢倉《やぐら》二丁目のT字路に、広重の浮世絵に描かれている道しるべが、今も奇跡的に同じ場所に立っているのを発見。その脇に、笠をかぶった旅人がいこうとしていた細い路地も確認できる。

名物「うばがもち」をあきなっていた茶屋はそこにはなく、「瓢泉堂《ひょうせんどう》」と看板がある。

どれどれと、道しるべの文字を読もうとするものの、達筆すぎてなかなか判読できない。

そこで、瓢泉堂さんに尋ねてみようと中へ入ると、薄ぼんやりとした店内に大小無数のひょうたんが天井から吊る下がっていた。ひょうたん屋だった。この地に移って一〇〇年近くになるという五代目の女将《おかみ》が出てきた。

「あら、お客さん？　めずらしい。めったにお客さんなんか来ないから」

ひょうたんはその昔、旅人が水筒代わりに水や酒を入れて持ち歩いた。今はおもに民芸品だ。瓢泉堂は、小売よりも製造卸《おろし》をメインにしていて、全国に卸しているとか。地方のみやげ物店でひょうたんを見かけたら、それは瓢泉堂製かもしれない。

語源ハンターだと名乗って、女将に、道しるべになんと刻まれているのかを聞いたら、たちどころに判読してくれた。

「右《みぎ》やばせ道《みち》　これより廿《にじゅう》五《ご》丁《ちょう》　大津《おおつ》へ船《ふな》わたし」

解説によるとこうだ。街道から右に曲がって脇道をいくと、そこは矢橋道《やばせみち》と呼ばれていて、二五丁、つまりおよそ三キロで琵琶湖の湖岸、矢橋湊《みなと》へといたる。

江戸の当時、この近道をいけば、帆《ほ》を張った渡し船で湖をわたり、草津の一つ先、大津の宿までショートカットできたという。所要時間は約二時間。

一方、近道を選ばず、そのまま街道を歩いていくと、一二キロ、およそ三時間。その差はわずかに一時間だが、長旅の最後の最後、大津から先、京の都へは峠を越えることになるので、できれば少しでも足を休ませておきたい。

船を使えば楽ができる。おまけに、矢橋湊は近江八景の一つとして知られる絶景ポイント。

琵琶湖のむこう側に比良山《ひらさん》や比叡山《ひえいざん》を眺めることができる。道しるべを見つけて、近道を選ぼうとする旅人は多かったにちがいない。

ところが、甘い話には罠《わな》がある。

矢橋の渡し船は、対岸の山々から湖に吹き下ろす「比良おろし」と呼ばれる強風のため、欠航することがしばしばあった。せっかくの近道も、船が出ないのではしょうがない。風待ちをしてぼんやり過ごすか、来た道を戻って街道を歩いていくか。

さらに、ここからが肝心なのだが、船が出たからといって安心はできない。なぜなら、山の風は気まぐれで、季節によっては油断していると突然、湖に激しい風が吹き荒れるようになだれこむというのだ。

風向きによって船は進路をはばまれ、なかなか対岸の大津まで着くことができないばかりか、運が悪ければ、荒れ狂う風に船がもてあそばれ、あわれ湖底に沈むことになる。こうなるとまさに命がけの近道だ。

そこで、「急がば回れ」の語源となったこんな和歌が誕生した。

「武士《もののふ》の　やばせの船は早くとも　いそがば廻《まわ》れ　瀬田《せた》の長橋《ながはし》」

滑稽《こっけい》話を集めた江戸時代の本『醒睡笑《せいすいしょう》』には室町時代の連歌師《れんがし》宗長《そうちょう》の歌として、あるいは室町時代の和歌集『雲玉和歌抄《うんぎよくわかしよう》』には平安後期の歌人 源 俊頼《みなもとのとしより》の作として紹介されている一首だ。

天候まかせの船を使う一《いち》か八《ばち》かの危険な近道より、街道をてくてく歩いていったほうが間違いない。たとえ遠回りでも、草津宿の先にある、琵琶湖から流れ出る瀬田川にかかる橋（瀬田の唐橋《からはし》）を渡って、ぐるっと琵琶湖をまわっていくほうが安全で確実だ、と詠《よ》んでいる。

この和歌が、東海道を行き来する旅人によって広まり、「急がば回れ」という言葉が全国に知れわたった。そしてそれはやがて、旅の実践的なノウハウを伝える元の意味からはなれ、単独で人生訓的に使われるようになっていった。

しかし、一つ疑問が残る。海でもないのに、琵琶湖がそれほどまでに荒れ狂うのだろうか？

だがそんな素人《しろうと》の浅はかな疑問は、このあとあっとい

瓢泉堂の女将、瀬川美代子さん

うまに吹き飛ばされることになる。

「お兄さん、健脚《けんきゃく》かい?」

雨のなか、傘も持たずに道しるべの脇道を歩いていこうとすると、ひょうたん屋の女将が、やめたほうがいいと止めた。湖岸までおよそ三キロ。昔は一本道だったが、今は鉄道や国道で分断されていて、知らないと道をたどれないかもしれないとおどす。

女将のいうことは本当だった。雨に地図が濡れるのをきらって、方角だけ見当をつけて歩き出したが、たちまち道に迷ってしまった。歩けども歩けどもそれらしき旧道に戻れない。途方に暮れた。雨は激しくなり、濡れねずみのようになり、まるで遭難でもしたかのような気にさえなってきた。

そうこうするうちに日は暮れて、ようやく灯《あか》りをたよりにたどりついた国道のカフェに飛び込んで、タクシーを呼んでもらい、ほうほうのていで予約していたホテルへ投宿した。

「急がば回れ」の教えにそむいて近道をいくと、なるほど怖い目にあう。

翌日は晴天。

ひょうたん屋に戻ってやり直しだ。道しるべの脇の道をたどって、こんどこそしっかり地図を見ながら旧道をたどって歩くこと三キロ。

途中、旅の安全を祈願する猿田彦《さるたひこ》神社に立ち寄るなどしながら、ようやく琵琶湖に突きあたる。数年前に発掘調査された船着き場だった石積みの突堤《とってい》三本と、灯台代わりの常夜灯が、江戸の港、矢橋湊の名残《なごり》をかすかにとどめている。

すぐそばに「滋賀マリン」というマリーナがあった。

矢橋湊（矢橋公園）。埋め立てで湖岸は100m先に

語源を訪ねてやってきたというと、「お茶でも飲んでいきなさい」と招き入れてくれる。そこでじっくり、マリーナの経営者、岸学《まなぶ》さんに、琵琶湖の風について話を聞いた。

昭和三〇年代、まだ子供だったころ、手こぎボートで対岸の大津までよく買い物にいっていたという岸さんは、琵琶湖の風を熟知していた。

「何も知らない人は、琵琶湖を静かな湖だと思って気軽にボートやヨットを出しているけど、琵琶湖は海なんですよ。なめちゃいけない。湖の底に、死体がいっぱい沈んでますよ」

これは江戸の話ではない。マリーナの事務所には、水難救助活動の表彰状が何枚もあった。逆にいうと、それだけ事故が多い証拠でもある。

滋賀県警の地域課でデータを確認したところ、たしかに毎年、相当数の死者や行方不明者が出ているようだ。大きなところでは、平成一五（二〇〇三）年、子供五人を含む一一人が乗船していたヨットが突風で転覆沈没して、六人が死亡、女性一人がいまだ行方不明となっている。岸さんはその救助活動にもまっさきに参加した。

さらに時代をさかのぼると、昭和一六（一九四一）年、旧制第四高等学校（現在の金沢大学）の漕艇部《そうていぶ》が練習中、突風のせいで転覆遭難、一一名の尊い命が奪われた。

この事故を歌った『琵琶湖哀歌《あいか》』は、直立不動で歌う戦前戦中の人気歌手、東海林太郎《しょうじたろう》の代表曲の一つでもあり、今も歌い継がれている。

突風は、琵琶湖と比良山の気温差で生じるが、昔の人は山の神の怒りだと信じた。その怒りと水難者の霊を鎮《しず》めるため、平安時代から現在にいたるまで年に一度、三月に、比叡山延《えん》暦寺《りゃくじ》の僧侶によって「比良八講《はっこう》」と呼ばれる法要が大々的に行われている。それほどまでに琵琶湖の風は、今も昔もおそれられているのだ。

現在の「うばがもちや」。
創業1569（永禄12）年

名物うばがもち。
漢字で書くと「姥が餅」

「急がば回れ」を、なめてはいけない。

ところで、広重の絵に描かれていた茶屋だが、国道一号線沿いに店を移して、今も変わらず、名物うばがもちをあきなって繁盛している。

うばがもちは、乳母《うば》が幼子《おさなご》を養うために作って売ったことに由来する。乳房をかたどった小さなひと口サイズのあんころ餅だ。

餅は、化学肥料や農薬を使用しない自然農法で栽培した滋賀羽二重《はぶたえ》餅米を使用。餡《あん》は、選《よ》り抜きの北海道産小豆《あずき》を、職人が手間ひまかけてなめらかなこし餡に炊《た》きあげている。
乳首に見えるトッピングは、白あんと山芋の練り切りだ。

ごたごた

神奈川県

①種々の物が雑然と入り混じって整理が悪いさま。
②とりとめもなくあれこれ言い続けるさま。
③もめていたり、突発的な出来事でとりこんでいたりするさま。また、もめごと。
（広辞苑）

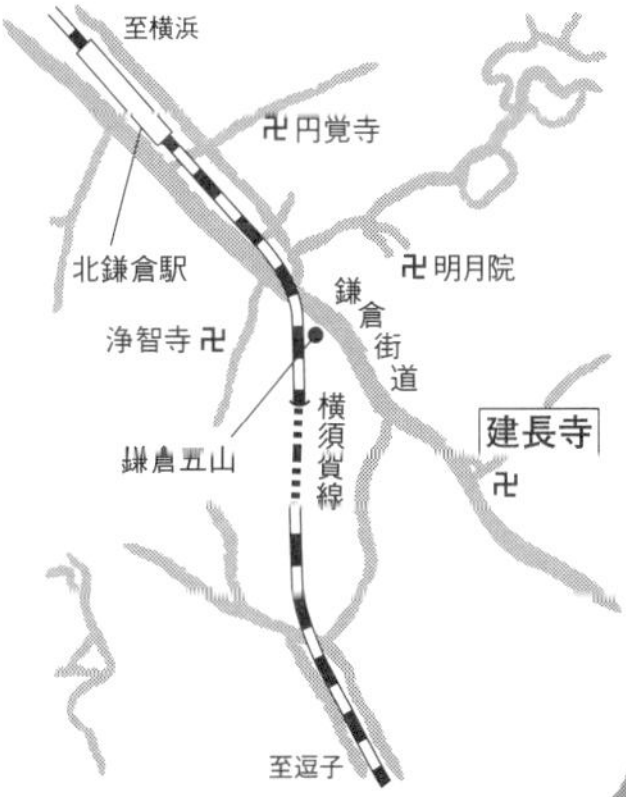

ふだん、ごたごたには、なるべく近づかないようにしている。ところが今回、古都鎌倉で、みずから進んでちょっとごたごたしてきた。そのおかげで、思いもかけない新発見をしてしまった。たまにはごたごたしてみるものだ。

旅のきっかけになったのは、語源ハンターのバイブル『大言海《だいげんかい》』である。『大言海』は、明治期に編纂《へんさん》された日本初の本格的な国語辞典『言海』の改訂版だ。猫は寝る子だから「寝子《ねこ》」であるといったユニークな言葉の由来を紹介している、語源好きにはたまらない一冊なのだが、「ごたごた」を引くと、そこに意外な説が紹介されていた。

「鎌倉時代ニ、来朝《らいちょう》セシ宋《そう》ノ禅僧、兀庵《ごったん》ノ名ニ起《おこ》ル」

つまり、「ごたごた」という言葉はもともと、鎌倉時代に中国からやってきた「兀庵」というお坊さんの名前からきているというのだ。

兀庵って誰だ?

ためしに広辞苑で「ごったん」を引いてみると、なんとそこに「兀庵」の名前があった。

「南宋の禅僧。諱《いみな》は普寧《ふねい》。臨済宗《りんざい》兀庵派の祖。一二六〇年(文応《ぶんおう》一)来日。建長寺《けんちょうじ》第二世となり、北条時頼《ほうじょうときより》の帰依《きえ》が深かった。六五年(文永《ぶんえい》二)宋に帰る」とある。

いやいやそれにしても、かれこれ実に七五〇年以上もの長きにわたって、子供から大人までみんなが知っている「ごたごた」というあまりうれしくない日本語として語り継がれているお坊さん、兀庵和尚《おしょう》とは、いったい何者なのだろうか。そしてまた、「ごったん」がどうして「ごたごた」の由来となったのか？

元祖ごたごた男、兀庵和尚の正体を探るべく、いざ鎌倉へ向かう！

JR 北鎌倉駅から「ごたごた」の世界へ！

ＪＲ横須賀線で、東京駅から約五〇分。緑生い茂る山あいの鄙《ひな》びた駅舎、北鎌倉駅で下車。

ウォーキングコースとしても人気の北鎌倉は、鎌倉五山《ごさん》と呼ばれる建長寺、円覚寺《えんがくじ》、浄智寺《じょうちじ》など、格式高い禅寺が建ち並ぶ古都の表玄関だ。駅前に円覚寺の総門があり、境内《けいだい》を鉄道の線路が通過している。

さて、兀庵ゆかりの地をいく鎌倉小旅行。最大の目的地は建長寺だが、その前にまずは駅から一〇分、「あじさい寺」として知られる明月院《めいげついん》に立ち寄って、時頼公の墓参りをしていくことに。

時頼は、鎌倉時代、北条氏の独裁政権を確立した人物だ。臨済宗の大本山《だいほんざん》、日本最初の禅寺、建長寺を創建。開山《かいざん》（初代住職）として宋の高僧・蘭渓道隆《らんけいどうりゆう》を、つづいて二代目に兀庵和尚を招いて帰依した。となれば、うっかり目の前を素通りでもした日には、「おいおい、おまえは誰に断って兀庵の取材をしようというのだ」と、黄泉《よみ》の国からごたごたいわれそうなので、ここはきっちり挨拶をしておく。

つづいて、建長寺への道すがら、兀庵を開山とする浄智寺にも立ち寄ることに。

総門をくぐり、参道の長い石段をのぼりきると、鐘楼門《しようろうもん》と本堂がある。植木をいじっている老師を見かけたので声をかけると、寺の閑栖《かんせい》（会社でいえば会長職にあたる）朝比奈宗泉《あさひなそうせん》和尚だった。自分が放送作家であり、「ごたごた」の語源ハンティングをしていると名乗ると、面白がって書斎に招き入れてくれた。

「私もテレビにいたんですよ」

和尚は大先輩だった。民放テレビが誕生する以前、ラジオ東京（現・東京放送＝ＴＢＳ）に入社。テレビの時代になってからは、ペギー葉山や越路吹雪《こしじふぶき》の歌謡ショー、ファッションショーなどを手がけ、さらに海外ロケ番組の先駆けとして知られる『兼高《かねたか》かおる世界の旅』（一九五九〜九〇年放送）を企画して、地球を飛びまわっていたという。

もともと浄智寺の生まれで、定年退職後に跡を継いだ。お父様は、時代劇『水戸黄門』や『大岡越前』の題字を手がけたことでも知られている昭和の名僧、朝比奈宗源《そうげん》和尚。「ごたごた」そっちのけで、テレビ草創期のウラ話と苦労話をたっぷり聞かせてもらった。

話を「ごたごた」に戻すと、浄智寺の開山は兀庵ということになってはいるものの、実際の初代住職は兀庵の弟子だった別のお坊さんで、開山にあたって尊敬する師である兀庵を名誉初代ということにしたらしい。関東大震災で寺院の建物が倒壊するなどしていて、残念ながら兀庵にまつわる詳しい資料は残っていなかったが、その代わり、いいことを教わった。寺の総門に掲《かか》げられている額の言葉「寶所在近《ほうしょざいきん》」の意味を和尚に尋ねると、

「宝（真理）は目の前にある。今やらんで、いつやる！」

そのとおり！　「ごたごた」の謎の答えはすぐ近く、目の前にある！

ということで、浄智寺をあとにして、鎌倉街道を伝ってさらに一〇分ほど歩くと、臨済宗建長寺派総本山、鎌倉五山第一位の大寺院である兀庵ゆかりの建長寺へとたどりつく。いよいよ、目の前の真理に近づいてきた。

元祖「ごたごた」の兀庵和尚を二代目とする建長寺は、正式名称、巨福山建長興国禅寺《こふくさんけんちょうこうこくぜんじ》。

創建は、一二五三（建長五）年。総門、三門、仏殿、法堂《はっとう》が一直線にレイアウトされた伽藍《がらん》配置は、中国の禅寺様式を踏襲《とうしゅう》している。

日本最初の本格的な禅道場であり、最盛期には千人を超える僧が厳しい修行に身を投じていた。今も雲水《うんすい》（禅の修行僧）たちが、参拝客立ち入り禁止のシークレットゾーンのなかで、完全資源循環型のスローライフ、自給自足の厳格な生活を送っている。

建長寺三門（重要文化財）

説法に使われる法堂に足を踏み入れると、そこには、断食《だんじき》で目がくぼみ、頬《ほお》はこけ、あばらがくっきり浮き上がるほど痩《や》せこけた釈迦苦行像《しゃかくぎょうぞう》が安置されていてギョッとさせられる。ガンダーラ美術の最高傑作といわれるパキスタンの国宝を複製したもので、二〇〇五年愛知万博のパビリオンで展示されたのちに、パキスタン政府から建長寺に贈られた。

そしてもう一つ驚かされるのが、仏殿に祀《まつ》られている建長寺の本尊だ。

本来、釈迦如来像《しゃかにょらいぞう》などがあってしかるべきところだが、そこには大きな地蔵菩薩《じぞうぼさつ》が安置されている。禅寺の本尊が地蔵とはかなり珍しい。

実は何を隠そうこのお地蔵様こそが、「ごたごた」誕生のきっかけになったことを、やがて知ることになる。

社務所を訪ねると若い僧侶が出てきた。

「ごたごたという日本語は兀庵和尚に由来するらしいが、兀庵和尚は、元祖ごたごた男ともいうべきトラブルメーカーだったのか？」と尋ねた。「何をごたごた抜かすか、この無礼者！」と追い返されても仕方のない不躾《ぶしつけ》な問いであることは承知の上だ。

建長寺本尊の地蔵菩薩像

ところがさすが修行者だ。「ごたごたの由来が兀庵とは初耳だが、それは面白い」と、寺の蔵書をあれやこれやと引っ張りだしてきてはページをめくってくれる。

そうこうするうちに、物知り風な僧侶が、何をごたごたしているのかと様子を見にあらわれた。建長寺の知恵袋、永井宗直《そうちょく》教学部長だった。講演活動で全国を飛び回り、一般

建長寺・永井宗直さん。『やさしい禅の教え』『ふっと心が癒される　禅のことば』などの著書がある

向けにわかりやすく禅を説いた著書や監修した本が何冊もある。

「兀庵の兀という字はコツと読み、山のごとく石の上に力強く座るという意味で、一心不乱、不動なさまをあらわしているんですよ。兀庵は、そういう坊さんだったんでしょうな」

　漫才師で参議院議員も務めた西川きよし師匠のフレーズに、「小さなことから、こつこつと」というのがあるが、円周率の「π《パイ》」に似た「兀」という漢字は、なるほど、「こつこつ頑張る」のこつこつ（兀兀）か。

　しかし、「こつこつ」と「ごたごた」では、まるっきりちがう。ひょっとして、ごたごた兀庵は濡《ぬ》れ衣《ぎぬ》なのか……。

「まあ、上がってゆっくりしていきなさい」という永井和尚のご厚意で、寺務所の座敷が、にわかに兀庵とごたごたの関係を探る「ごたごたプロジェクト」の緊急調査指令室に早変わりだ。

永井人脈を総動員して、禅の研究で世界をリードする京都花園《はなぞの》大学の禅文化研究所をはじめ、日本中の頭脳と直接コンタクトを取り、兀庵に関する各種情報がたちまち集められた。

そのプロセスのなかで、おまけの語源ネタもゲットした。

たとえば、「この機械はガタがきてる」とか、建て付けの悪い障子《しょうじ》や戸が「ガタガタ、ガタピシする」などというときの「ガタ」や「ガタガタ」、「ガタピシ」という言葉は、てっきり擬音《ぎおん》かと思ったらそうではなく、これも禅語からきているらしい。

「ガタピシ」を漢字で書くと「我他彼此《がたひし》」。自分と他人、アレとコレ。両者を対立するものとみることで、そこに不協和音、軋轢《あつれき》が生じる。右か左か、上か下か、などなど、世界を対立の構図でとらえると、争いやトラブルの原因となる。それこそがまさにガタピシであり、ガタ、ガタガタな状態だ。


さて、「ガタガタ」ではなく「ごたごた」はというと、永井和尚のおかげで、兀庵が「ごたごた」の由来となったと思われる衝撃のエピソードが浮かび上がってきた。

兀庵のフルネーム、兀庵普寧《ふねい》。

当時、中国のスター僧だった六三歳の兀庵和尚が、一二六〇（文応元）年、北条時頼に招かれて鎌倉へやってきた。そして、建長寺を初めて訪れたときのこと。

兀庵を歓迎する式典が準備され、禅宗の僧侶や鎌倉武士たちが大集合して居並ぶなか、予想外のシーンが展開されたのだ。

仏殿の本尊に近づいた兀庵は、そこで額《ぬか》ずいて礼拝するのかと思いきや、とんでもない。仁王立ちして、こう言い放った。

「この寺では地蔵菩薩が本尊なのか！　地蔵菩薩は、悟《さと》りを開いた山僧より位《くらい》が低い。地蔵菩薩のほうが下りてきて私に挨拶するのが筋だ！」

式場は騒然とした。これはやっかいな手強《てごわ》い坊さんがやって来たとピリピリとした緊張感がいっきにただよった。

以降、兀庵和尚は、ことあるごとに何かと口やかましく理屈っぽい議論をふっかけるので、その口ぶりや彼が巻き起こす騒動を、「また兀庵が何かいってるよ。兀庵だよ、ごったん。ごったんごったん」というようになり、やがていつのころからかそれが「ごたごた」となる。似たような表現の「ごちゃごちゃいう」の「ごちゃごちゃ」も、どうやら「ごたごた」が変化した言葉らしい。

これが「ごたごた」の由来である。

ちなみに、建長寺の本尊が、なぜ地蔵なのかということにもふれておこう。

そこはかつて地獄谷《じごくだに》と呼ばれる処刑場だったのだが、あるとき首切り役人が、無実の罪でとらわれた斉田左衛門《さいたざえもん》という男の首をはねようとしたところ、何度刀を振り下ろしても首が落ちない。

これはどうしたことかと見てみると、髷《まげ》のなかから、いくつもの刀傷がついた小さな地蔵が出てきた。きっと、日ごろから地蔵を身につけて信仰していたその御利益《ごりやく》にちがいないということで斉田左衛門は無罪放免となり、その小さな身代わり地蔵を胎内《たいない》に納めた大きな地蔵が、のちに創建された建長寺の本尊となった。

ところで今回の一連の調査で、京都西賀茂《にしがも》の正伝寺《しょうでんじ》に、兀庵の肖像が残されているという独占スクープ情報をキャッチしたので、さっそく訪れた。

正伝寺は、京都の夏の風物詩、大文字《だいもんじ》五山の送り火、いわゆる「大文字焼き」で舟形を描く西賀茂船山《ふなやま》にある。比叡山《ひえいざん》を借景《しゃっけい》とした枯山水《かれさんすい》の庭園が美しい。また、「血天井《ちてんじょう》」の寺としても有名だ。「関ヶ原《せきがはら》の戦い」の前哨戦《ぜんしょうせん》となった「伏見城《ふしみじょう》の戦い」（一六〇〇年）で敗

京都・正伝寺の兀庵肖像

れた武将たちが自害したときについた血まみれの板を、鎮魂《ちんこん》の意味で天井板に使っていることから、「血天井」と呼ばれている。

この寺は、兀庵の弟子が開いた寺で、兀庵が建長寺の住持《じゅうじ》（住職）を辞《じ》して中国へ帰る際に立ち寄り、肖像はそのときに描かれたという。国の重要文化財（通称、重文《じゅうぶん》）にも指定されている肖像画は、現在、京都国立博物館に管理委託され、博物館の所蔵庫に眠っているため、あいにく直接まぢかで見ることはできなかったが、その代わりに思いもかけぬ大発見をした。

兀庵和尚の肖像画を元にした貴重な木像が、本尊の脇の暗がりにひっそりと安置されていたのだ。二次元の絵画ではなく、三次元のリアルな兀庵和尚がそこにいた。

ついに念願かなってご対面だ。

そっと近づいてみた。

のぞきこむと、眼光鋭く、今にも何かいいそうな強面《こわもて》の横顔は迫力がある。なるほどたし

角度によっては、
やさしいまなざしも

迫力ある表情の兀庵木像

かに、ごたごたうるさそうだ。思わず身がすくむ。

　だがしかし、しばらく向き合っていると印象が変わってきた。ごたごたと口うるさそうなまなざしのその奥に、何かを伝えようとするこころざしを感じとることができる。はるばる海を渡って日本へやってきて、そしてまた帰っていく高僧は、この国の行く末を案じてまだまだいいたいこと、伝えたいことが山のようにあったにちがいない。

「ごたごた」という言葉には、そんな兀庵の想いがまとわりついている。

　さて、毎回、語源にまつわるグルメネタを探すのも語源ハンティングの楽しみの一つだが、

食事処「鎌倉五山」

「けんちん汁」は建長寺生まれ！

「ごたごた」由来の地、鎌倉の建長寺は「けんちん汁」発祥の地でもある。

中国から伝わった「巻繊《けんちゃん》」という普茶《ふちゃ》料理を汁物《しるもの》にした建長寺汁が、修行僧たちが全国に散らばったことで各地に広まり、やがてけんちん汁と呼ばれるようになった。

禅寺の手作り料理を一般参拝客が口にする機会はめったにないが、北鎌倉駅東口から建長寺へいく途中にある食事処「鎌倉五山」で、今風のけんちん汁が味わえる。

仕上げにかけまわすゴマ油とゆずの香りが効いていて、ほっと美味。日常のごたごたを忘れて、あつあつをはふはふしながら、はるか遠くの兀庵に思いをはせる。

らちがあかない

京都府

物事の決まりがつかない。事態が進展しない。決着がつかない。

（大辞林）

五月五日、端午《たんご》の節句。

一日中、雨だというので、リュックにポンチョを放り込んで始発の新幹線に飛び乗ったが、京都駅に降り立つと、運がいいことに予報は大ハズレ。ドピーカンの語源散策日和《びより》だ。以前から一度は訪ねたかった「らちがあかない」の語源遺産、上賀茂《かみがも》神社をめざす。「らちがあかない」の「らち」とは何のことだろうと思ったのがそもそものきっかけだ。

『広辞苑』を開くと、「らち」は漢字で「埒」と書き、「馬場の周囲の柵《さく》」とある。『大言海《だいげんかい》』はその語源を、「加茂《かも》ノ競馬《くらべうま》ノ、見物人ノ待チ詫《わ》ビテ、言ヘル語《ご》ニ起《おこ》ル。仕事ノハカドル。キマリノツク」と解説している。

キーワードは見物人が待ちわびる「加茂の競馬」。

調べてみるとそれは、今も年にたった一度、五月五日に、京都の上賀茂神社で開催されている「競馬会《くらべうまえ》」のことだとわかった。

競馬会は、二頭ずつ六回、馬を走らせてその年の吉凶《きっきょう》を占い、五穀豊穣《ごこくほうじょう》と天下泰平《てんかたいへい》を祈る神事《しんじ》で、もともとは宮中《きゅうちゅう》で行われていたものが、一〇九三（寛治《かんじ》七）年に上賀茂神社に移され、以来、絶えることなく九〇〇年以上もつづいているという。

それにしても、見物人は何を待ちわびるのか。そしてそれが、「らちがあく」「らちがあかない」という今もよく使われている日本語とどう結びついているのだろうか。

その謎を探るべく、一世一代の競馬見物だ！

ＪＲ京都駅から市バス「西賀茂《にしがも》車庫行」に乗って、「上賀茂御薗橋《みそのばし》」で下車。神々の領域へとつながる聖なる橋、御薗橋を東へ渡ると、大きな鳥居が見えてくる。世界文化遺産にも登録されている京都最古の神社の一つ、上賀茂神社である。

正式名称は、賀茂別雷《かもわけいかずち》神社。祇園祭《ぎおんまつり》、時代祭《じだいまつり》と並ぶ京都三大祭りの一つ、葵祭《あおいまつり》（毎年五月一五日に開催）の舞台としても知られている。

鳥居を見上げると、まだ初夏のとばくちだというのに、照りつける太陽がぎらぎらまぶしい。

大田神社のカキツバタ群落

カメラを首からぶら下げているからか、「カキツバタも撮っていきなさい。ちょうど咲き始めたから」と、地元の方がしきりに声をかけてくれる。

せっかくだから足をのばして、すぐ近くにある上賀茂神社の摂社《せっしゃ》、大田《おおた》神社の池を訪れると、平安時代の歌に詠《よ》ま

社家町の各屋敷には橋が渡されている

れ、国の天然記念物にも指定されている野生のカキツバタが、高貴な紫色の花を咲かせていて、目にあざやかで美しい。

上賀茂神社の境内《けいだい》から流れ出る小川、明神《みようじん》川《がわ》のせせらぎも涼《すず》やかだ。

川の流れに沿って、風情《ふぜい》のある土塀《どべい》の屋敷が三〇軒あまりも立ち並んでいる。かの美食家、北大路魯山人《きたおおじろさんじん》の出身地でもある社家町《しやけまち》だ。街並みの国宝ともいえる国の重要伝統的建造物群保存地区、略して「重伝建《じゆうでんけん》」に指定されていて、味わいのある佇《たたず》まいだ。一般公開されている旧家に立ち寄ると、川の清流を取り込んだ庭園がすがすがしい。

実はこの社家町の「社家」が、「らちがあかない」と大いに関係がある。

社家とは、神社に仕える神官を世襲《せしゆう》する家柄のこと。明治になって世襲は廃止され、多くは神職を離れたが、今もその子孫約四〇〇人の同族会があって、上賀茂神社のさまざまな神事のお役をになっている。競馬会の馬に乗る「乗尻《のりじり》」と呼ばれる騎手も、社家の男衆《おとこしゆう》の役割だ。

さて、周辺を散策したら、いよいよ一ノ鳥居をくぐって、上賀茂神社の境内へ。

一ノ鳥居から二ノ鳥居までは、直線でおよそ二〇〇メートル。白い玉砂利の参道をはさんで、左右に青々とした芝生が広がっている。しだれ桜や山桜、八重《やえ》桜の木々があり、春は花見でにぎやかなことだろう。空が大きい。

競馬が始まるにはまだ早いので、ひと通りまわってみる。

「ならの小川」は、奈良ではなく京都！

右手の森のなかに、「なら（楢）の小川」が流れている。夏にはホタルが舞い、秋には萩《はぎ》の花が咲きこぼれる、百人一首でもおなじみの清流だ。ファミリーやカップルが、思い思いに木《こ》陰《かげ》にシートを広げてピクニックを楽しんでいる。

このならの小川が神社を出ると、今しがた見た社家町に流れる明神川となり、それはかつて、社家に仕えていた農家の田畑に引き込まれ、賀《か》

盛り塩のルーツ、上賀茂神社の「立砂」

茂茄子《もなす》に代表される京野菜をはぐくむ水となった。

　玉砂利を踏みならして進むと、二ノ鳥居の手前に、小さな馬小屋「神馬舎《しんめしゃ》」があり、神の使いとされる一頭の白馬が出迎えてくれる。ふだんは京都産業大学の馬術部が飼育をしていて、日曜祝日に神社に出勤だそうだ。餌《えさ》をやろうと順番を待つ親子連れの姿がほほえましい。

　二ノ鳥居をくぐるとその奥に、大きな円錐《えんすい》形をした「立砂《たてずな》」と呼ばれる砂山が二つ。飲食店の軒先《のきさき》でよく見かける縁起物「盛り塩」の元祖だ。

　さらにその奥には、平安時代の建築様式を残す国宝の本殿をはじめ、重要文化財クラスの社《やしろ》が三〇余り。競馬見物をかねた老若男女の参拝客があとを絶たずにぎやかだ。

　さて本題。その競馬の会場へと移動する。

　境内の西側、一ノ鳥居と二ノ鳥居を結ぶ参道と平行して左手に、本馬場が設営されている。

直線距離約二五〇メートル。よく見ると、観覧席と馬場をへだてている長い柵がある。これが広辞苑でいうところの「馬場の周囲の柵」、らちがあかないの「埒」にちがいない。

遠目には青竹《あおだけ》を渡しただけのシンプルな柵のように見えるが、近づくとそれは、縦にまっぷたつに割った竹と竹のあいだに、雑木《ぞうき》の枝や葉がサンドイッチ状に挟んである手の込んだ柴垣《しばがき》だった。樫《かし》や椎《しい》のほかに、葉がノコギリ状のヒサカキがあったので、きっと魔除《まよ》けのたぐいかと思ったが、そうではなかった。

「らち」とは、賀茂競馬の「柴垣」のこと

「もともとは、乗尻が落馬して投げ出されたときのためのクッションだったんですよ」

社家の出身で、上賀茂神社の生き字引、権禰宜《ごんねぎ》の藤木保誠《やすまさ》さんによると、元来競馬《くらべうま》は、近代競馬とちがってそうとう激しく危険だったらしい。

その昔は、神社管轄《かんかつ》の荘園《しょうえん》二〇カ所から、力強く雄々《おお》しい駿馬《しゅんめ》を集めて競走させた。鞍《くら》を付けたことのない馬を乗りこなすのはむずかしく、落馬も珍しくなかった。

それだけではなく、二頭ずつで行われるレースでは、進路妨害や相手をつかんで引きずり落とすことも許されていたらしい。スピードを競うと同時に格闘技的な駆け引きもあり、はずみで埒の上に落ちたり、激突することもしばしば。特製の「埒」は、不測の事態に備えて、少しでも落馬のダメージを少なくしようという安全対策のフェンスだったのだ。

競馬がどれほど危険だったかは、そうしたリスクから身を守るために、賀茂悪馬流《あくばりゆう》と呼ばれる高度な乗馬テクニックや特別な調教法が、社家に代々伝わっていることでもわかる。

それでも命を落としたときのために、江戸時代には今でいうところの労災遺族年金制度があった。神事の際の落馬による死亡事故では、往来田《おうらいでん》(土地所有権のない田んぼ)を一五年、あるいは毎年三石《ごく》(約四五〇キロ)の合力米《ごうりよくまい》(支給米)を三年、遺《のこ》された家族が受け取ったという。


さて、観覧席に陣取って、競馬のスタートを待つ。

ところが、いつまでたっても始まる気配がない。待てど暮らせど動きがない。

とそのとき、鞍を付けた十数頭の馬が、平安時代の装束《しようぞく》を身にまとって正装した乗尻たちに引かれて、神社を出ていくのが遠くに見えた。

ちょっと待った！　いったいどこへ。

あわててあとを追うと、乗尻とその予備軍の青年二〇〜三〇人、さらに大人になったらきっと乗尻になるのだろう子供たちと、それに神官が足並みをそろえて神社の外へ出ていく。

どうやら近隣の摂社で、お祓《はら》いや儀式があるらしい。

あらためて式《しき》次第《しだい》を見ると、境内や周辺の社を移動して行う伝統のセレモニーがおよそ五〇。密着取材を試みてその多くに同行したが、儀式のひとつ一つが、まるで平安時代にまぎれ込んだかのようなゆったりとした時間の流れのなかで、ゆるりゆるりと進行していく。

神官と乗尻たちが神社の内外を行ったり来たり。儀式がいっぱい！

前段の儀式を終えて、乗尻たちと馬が、ようやく馬場に姿をあらわしたのは午後二時すぎ。

さあいよいよだ。と思ったが、あまい。それでもまだレースは始まらない。

馬場でもいくつもの儀式が延々とくり広げられる。

事情を知らずに早くから観覧席に陣取ったスポーツ競馬観戦気分の客は、文字通りまったく「らちがあかない」といった面持《おもも》ちで辛抱強く待つことになる。

ああ、なるほど。大言海にあった、見物人の待ちわびてらちがあかないとはこのことか！とひとり勝手にふむふむと納得していたのだが、若いころは自身も乗尻をつとめていたという権禰宜の藤木さんによると、伝えられている語源説とちょっとニュアンスがちがうらしい。

「らちがあかない」とはこういうストーリーだ。

古来、競馬の乗尻たちは本番に備えて、三月のなかばくらいから身を清めるための潔斎《けっさい》生活に入る。酒や肉は禁物。女性との接触も避けなければならない。妻が作る料理も食べてはいけない。寝室どころか住まいも別にする。

となると、乗尻を一人出すには、家族だけでなく、一族の全面的なバックアップが必要となる。社家に仕える農家にしたって、農繁期を迎えて野良仕事に出たいところだが、それどころではない。上賀茂のすべての人々が、それぞれの一族の代表として送り出す乗尻の無事を祈る緊張した生活を強いられることになる。

何ごとも手に付かず、まったく、らちがあかない。

そんな生活も、競馬が終わり、馬場の柵、埒が片付けられ、一族を代表して出した乗尻が

乗尻（騎手）には代々、「賀茂悪馬流」という高度な乗馬術が伝えられている

無事に家へ帰ってきてようやく何もかもが一段落して緊張から解放され、ほっとふだんの生活に戻ることができる。ようやく、らちがあく。

このことからわかるように、「らちがあく」「らちがあかない」の「あく」は、競馬場のゲートが開くように馬場の柵が「開《あ》く」わけではなく、たとえば「夜明け」「休み明け」などというときの「明《あ》く」だ。ある一定の期間が終わり、また新しい時間がスタートすることを意味している。

「らちがあかない」とは、いま関わっていることになかなかケリを付けることができず、心ならずも次の新しいステップを踏み出すことができないでいる状態をいう。

やがてこころもち傾きかけた陽射しのなか、待ちに待ったレースが始まる。

乗尻が二組ずつ、土煙《つちけむり》を巻き上げ、迫力で駆け抜けていく。

「やきもち」といえば神馬堂

一人、落馬した。

会場がにわかに緊迫する。

がしかし、幸いケガはなかった。

六組の馬が走り、やがてつつがなくすべての神事が終了して、観覧の客は家路につき、馬場や柴垣が片付けられ、ようやく埒が明く。

春から夏へと向かう、移ろいゆく季節の変わり目を告げるように。

ところで、語源ハンティングの楽しみの一つ、賀茂競馬のみやげには、神社前に店を構える神馬堂《じんばどう》の名物「やきもち」（正式名称、葵餅《あおいもち》）が美味。

創業明治五（一八七二）年。時間をかけて蒸して柔らかくした餅で、つぶ餡《あん》をたっぷりくるみ、店先の鉄板で茶色い焦げ目をつけるようにひとつずつ丁寧に焼いている。小豆《あずき》は備前《びぜん》、餅米は近江《おうみ》産、砂糖はざらめの極上品。作り置きはせず、売り切り仕舞いだ。

神馬堂という店名はもちろん、上賀茂神社の神馬にあやかっている。

ひとりずもう

愛媛県

相手にかまわず、自分だけが気張って事をすること。また、双方の力量に差がありすぎて、争っても勝負にならないこと。

（広辞苑）

仕事でもプライベートでも、一人で空回りして、ひとりよがりの「一人相撲《ひとりずもう》」をとってしまうことがよくある。そのたびに妻子にあきれられ、あとで大いに反省してはみるものの、気がつくとまた、ジタバタと「一人相撲」をとっていたりする。

これはもう生まれつきの性分《しょうぶん》なのだと、なかばあきらめ気味に、ある日ふと広辞苑で「一人相撲」を引いてみて驚いた。

「愛媛県今治《いまばり》市、大三島《おおみしま》の大山祇《おおやまづみ》神社などで、一人で相撲を取っているさまをする神事」であると解説しているのだ。

どうやらこれが語源のようだが、「一人で相撲を取っているさまをする神事」とは、どういうことだろう。これはなにがなんでも元祖「一人相撲」を見ておかねば。語源ハンターは国語辞典に地名を見つけるとわくわくしてきて、いてもたってもいられない。

大山祇神社に問い合わせると、一三〇〇年代の古文書《こもんじょ》にすでに記録がある一人相撲は、年に二回、春の御田植祭《おたうえさい》（旧暦五月五日）と秋の抜穂祭《ぬきほさい》（旧暦九月九日）で行われているということがわかった。春は早苗《さなえ》を捧げて五穀豊穣《ごこくほうじょう》を祈り、秋は実りに感謝する。その祭礼で、一人相撲が奉納されるというのだ。

さあ、そうと聞いたら語源ハンターの出動だ！

しまなみ海道は、尾道と今治を大小10本の橋がつないでいる

出かけたのは、春の御田植祭が行われる旧暦五月五日（この年は六月一九日）の前日。

まずは新幹線で広島の福山《ふくやま》へ。駅ホームから北側に福山城天守閣が見える。城が蝙蝠山《こうもりやま》にあり、「蝠」が「福」に通じるということから「福山」と呼ばれるようになったとか。

城とは反対側の駅南口のロータリーで、四国愛媛の今治をめざす高速バス「しまなみライナー」に乗り込む。バスは市街を抜けて、瀬戸内《せとうち》の島々を結ぶ「しまなみ海道」を走る。向島《むかいしま》、因島《いんのしま》、生口島《いくちしま》……。島々が波のように連なっているので「しまなみ海道」だ。

やがてバスは、大小数百の島が浮かぶ芸予《げいよ》諸島の大三島にたどりつく。

大三島は、古くは「御島《みしま》（神島）」と書き、「神の島」として知られてきた。「御島」がのちに「三島」となり、そして

「大三島」となった。

山のなかのバスストップで降りると、宿の女将《おかみ》が車で迎えに来てくれた。柑橘《かんきつ》系の香りがあたりにただよう島の風に吹かれながら、島内をぐるりとまわってもらって、大山祇神社の参道にある明治初期からつづく旅館「茶梅《ちゃうめ》」に旅の荷をとく。

ひと息ついてさっそく、参道をぶらぶら歩きながら、「一人相撲」の語源遺産、大山祇神社へ下見に出かけることに。

神社は、日本最古のクスノキの原始林のなかにあった。

澄みきった空気に包まれた境内《けいだい》には、国の天然記念物に指定されている三八本をふくむ大小約二〇〇本ものクスノキが群生し、樹齢二六〇〇年の巨木が天空に枝を伸ばしている。

大山祇神社は、『古事記《こじき》』や『日本書紀《にほんしょき》』にも登場する由緒正しい神社だ。御祭神《ごさいしん》は大山積神《おおやまつみのかみ》。伊勢神宮が祀《まつ》っている天皇家のルーツ、天照大神《あまてらすおおみかみ》のお兄さんだ。娘は、海彦山彦《うみひこやまひこ》のお母さんで、神武《じんむ》天皇（初代天皇）のひいおばあちゃんにあたる木花開耶《このはなさくや》姫《ひめ》。わかりやすくいうと大山祇神社は、天皇家のルーツのそのまたルーツを祀っているということになる。全国各地に「大山祇神社」「三島神社」など分社が一万余りもある。

また、大山祇神社は、海の神、戦いの神でもある。

大山祇神社。神門から拝殿を望む

境内には国の天然記念物のクスノキ群が

大三島が地理的に瀬戸内海の海上交通における重要なポイントにあったこともあり、歴代朝廷や源氏《げんじ》、北条氏《ほうじょうし》、足利氏《あしかがし》ほか、戦国武将たちの信仰を集めてきた。平安時代には、朝廷から「日本総鎮守《にほんそうちんじゅ》」と位置づけられ、重要文化財に指定されている大鳥居の扁額《へんがく》には、「日本総鎮守大山積大明神」と書かれている。

近代になってからも、初代総理大臣の伊藤博文《ひろぶみ》や、連合艦隊司令長官の山本五十六《いそろく》をはじめ、皇室や政治家、軍人、最近では海上自衛隊、海上保安庁関係者の参拝も絶えない。と知れば知るほど、なみなみならぬ油断のならない立派な神社だとわかってくる。

神社の宝物館をのぞくと、源《みなもとの》頼朝《よりとも》や義経《よしつね》をはじめとする歴史上の名だたる武将たちが奉納した鎧《よろい》や兜《かぶと》がずらりと並んでいて圧倒される。大正期には、国宝や重要文化財に指定されている日本中の武具類の、実に八割がここ大三島にあるといわれ、今もなお国内随一の宝庫だ。そんなことから「国宝の島」とも呼ばれている。昭和天皇の研究を展示している海事博物館もある。いやあ、おそれいりました。

そんなありがたい神社に、「一人相撲」が奉納されるというわけだ。

さて、神社で宮司《ぐうじ》さんと話をしたり、役場の観光課に挨拶にいったり、自転車に乗って島内を散策したり、はたまた名物のたこ漁に出たり、海に夕日が沈む海水温泉につかったりといろいろ動きまわったが、長くなるのでここはさっくり時計を進めて、さあ翌日、いよいよ「一人相撲」が行われる御田植祭の当日だ。

大山祇神社の境内のなかほどに立派な土俵がこしらえてあり、これが一人相撲の会場かと思ったらそうではない。この日行われる、島の小学生による勝ち抜き相撲人会の決戦場だ。

それとは別に、もう一つ、土俵が作られていた。

神社入口の大鳥居をくぐってすぐ右手に、斎田《さいでん》と呼ばれる神聖な田んぼがある。その向かいの前庭に祭場《さいじょう》が準備され、いたってシンプルな円形の土俵が描かれている。

ここが、一人相撲の舞台だ。

祭場の周囲には縄が張りめぐらされ、見物客のほか、地元のテレビ局や新聞社、それに写真コンテストの賞金狙いとおぼしき年輩アマチュアカメラマンなど二、三〇人が、少しでも見やすい場所を確保しようと陣取り合戦をしている。地方の祭りではよく見かける光景だ。

ベストポジションにはＮＨＫの三脚と脚立《きゃたつ》が鎮座《ちんざ》ましましている。

まずい。このままでは人垣がじゃまになって写真が撮れない……。あわてていったん旅館に戻り、ＮＨＫより背丈のある高さ一メートル半の脚立を借りて担《かつ》いで出直した。これならどうにかうしろからでも撮れる。

御田植祭のスタートは一二時半。式次第《しきしだい》を見ると、奏楽《そうがく》やお祓《はら》いなど三〇のイベントがある。メインは一八番目の「御田植神事」だ。そしてその一つ前に「一人角力《ひとりずもう》」とある。「相撲」ではなく「角力」と漢字をあてているのは、いわゆる勝負ごとの相撲と神事を区別するためらしい。

まずは、宮司をはじめ、早苗を植える役の早乙女《さおとめ》一六人をふくむ祭りの関係者全員が行列して神社の本殿へおもむき、お祓いを受け、神様を三基《き》の神輿《みこし》にのせて、祭場となる斎田前まで運ぶ。早乙女は島の各地区から選ばれた小学生の女の子たちで、純白の装束《しょうぞく》に赤い襷《たすき》、手甲脚絆《てっこうきゃはん》のいでたちが可憐《かれん》だ。

そんな行列のなかに、一人相撲の力士と行司役の青年を発見。

オールバックに髪をかためた体格のいい力士役の青年が羽織っている着流しの背中には、「大三島一力山《いちりきやま》」とシコ名が染められている。

やがて神輿が安置され、神官や巫女《みこ》、早乙女たちが祭場の所定の位置につくと、祝詞《のりと》やお祓い、奏楽などおごそかな儀式がつづく。

そしてついに、祭りのメイン・イベントである御田植神事の前に、語源ハンター的クライマックス、「一人相撲」を目撃できる瞬間がやってきた。

それではここからしばし実況中継を！


六月のなかば、もう梅雨だというのに、なかなか雨が降らない愛媛県今治市の人三島。五穀豊穣を祈り、雨乞いの祭りでもある大山祇神社の奉納「一人相撲」が、まさに今、始まろうとしている。豊作か不作か、すべてはこの一人相撲にかかっている。責任は重大だ。

一力山が、シコ名を染め抜いた衣を脱いで、ふんどし一丁の力士姿で西土俵脇へ。行司と共に、神輿が安置されている東に向かって一礼。

行司が位置について軍配をかざし、「東西、ただ今より行います相撲神事は、古式により稲の精霊と取り組む一人相撲、一人相撲でございます」と高らかに宣言。つづいて、「片や、精霊、精霊！　こなた、一力山、一力山！」と対戦力士を呼び出す。

一力山が表情をこわばらせ、身を引き締めて、シコを踏み、ひしゃくで手水《ちょうず》をつかい、塩をまく。といっても実際にひしゃくや塩があるわけではない。ふりをする。

そして、目に見えない対戦相手、稲の精霊の気配を感じ取りながら仕切りに向かう。

三本勝負。先に二勝したほうが勝ちとなる。

「見合って見合って、ハイッ！」のかけ声で、一本目、一力山が力強く立ち上がる。

　稲の精霊と、押しつ押されつの、激しい攻防戦。

　一力山、土俵際に押し込まれるが、かろうじてふんばる。ふんばる。ふんばる。

　がしかし、行司の「残った残った」の声もむなしく、ついにこらえきれずに、一力山、押し倒されて、会場がどよめく。

　一本目、稲の精霊が先勝だ。

　一力山、息を整えて二本目に挑む。

　今度は、がっぷり四つ相撲だ。一力山と見えない精霊が激しく動きまわるが、一力山、またもや土俵際まで押し込まれて危機一

稲の精霊と対戦する一力山、菅貞之さんと、行司役の多和祥栄さん

髪、このまま連敗で決着が付いてしまうのか……。

とそのとき一力山、渾身《こんしん》の力をふりしぼって稲の精霊を抱きかかえ、そのまま身体をひねって精霊を土俵の外へ。一発大逆転のうっちゃりだ。

これで一勝一敗のイーブン。勝負は三本目に持ち越された。神様が勝つのか、それとも人間が勝つのか。いよいよ大詰めの一番。

運命の三本目、「勝負でございます。見合って、見合って、ハイッ！」という行司の声と共に両者立ち上がり、右へ、左へ、そしてまた右へ、左へと白熱の戦い。

おっと一力山、精霊に片足をすくいとられ、残ったもう一方の片足でつま先立ちになってそのまま土俵際へ……。

なんとか両足をついて残ったものの、顔を真っ赤にして必死になってふんばる一力山、大ピンチ。歯を食いしばり、口をゆがめて耐えるその表情が、まるでひょっとこのようで、観衆に笑いの渦《うず》がどっと巻き起こる。

もはやこれまで、と思ったその瞬間……。

一力山が、宙に舞った！

そして、ドスーンッという音を立てて、土俵に叩きつけられ、大の字に。

おーっ、と観衆がどよめく。

勝負あった。

かくして稲の精霊が、二勝一敗で勝ち越し決定！

一力山、破れたり。


がしかし、観衆は一力山に拍手喝采《かっさい》だ。

なるほどなるほど、これでいいのだ。神様は勝利の美酒に酔いしれ、機嫌を良くして、きっと今年も豊作をもたらしてくれるにちがいない。一人相撲は、負けるが勝ちなのだ。

みごと一力山をつとめたのは、役場の税務係、菅貞之《かんさだゆき》さんである。

先代が高齢でいったんは途絶えていた一人相撲だが、平成一一（一九九九）年、しまなみ海道が開通したのを機に、菅さんが白羽《しらは》の矢を立てられて一力山を襲名《しゅうめい》した。以来、春と秋の祭りに向けて、役場の道場で目に見えない精霊を相手に、跳んだりはねたり、投げられたり、一人で黙々と一人相撲の稽古にはげんでいる。

そんな菅さんに大一番を振り返ってもらうと、「まだまだ飛びが足りない」と実に謙虚《けんきょ》だ。

「神様はものすごく強いですよ。それなのに、人間の僕に一勝させてくれる優しさも持っています。それが神様なんです」とも語ってくれた。

そう、元祖「一人相撲」は、けっして一人でジタバタとひとりよがりに空回りするものではなく、見えない大きな力を信じて、身をゆだねて、そしてお互いに敬意をあらわし感謝する、思いやりに満ちあふれたふるまいだったのだ。

一人相撲につづく神事「早乙女の御田植」

不思議なことに、一人相撲が終わると、空から雨が落ちてきた。今年も豊作だ！

さて今回、大山祇神社参道の旅館「茶梅」さんにはたいへんお世話になった。

釣り好きの四代目主人と気品あふれる美人女将《おかみ》、京都の老舗《しにせ》料理店で修業して

（上）旅館「茶梅」名物、たこの丸揚げ
（下）マカロンサイズの神島まんじゅう

帰ってきた五代目の息子夫婦が切り盛りする夕餉《ゆうげ》の膳《ぜん》は、瀬戸内名物のおこぜ料理や、たこ丸ごと一匹の唐揚げにたこ飯、来島《くるしま》海峡の急流できたえられた鯛《たい》の塩焼きや鯛めしなどなど、大げさでなく、まるで竜宮城《りゅうぐうじょう》に招かれたかのような海の幸《さち》づくしで驚かされた。

そしてお楽しみ、語源ハンティングのみやげには、同じく神社参道にある大正一二（一九二三）年創業、地元で長く愛されている村上井盛堂《むらかみいせいどう》の「神島《みしま》まんじゅう」が美味。

上品な白あんを、みかんの花のハチミツが香るカステラ生地で包んでいる。大山祇神社の社紋「三」の文字がくっきりと浮かぶ、愛すべき逸品だ。

あこぎ

三重県

しつこく、ずうずうしいこと。義理人情に欠けあくどいこと。特に、無慈悲に金品をむさぼること。

（大辞泉）

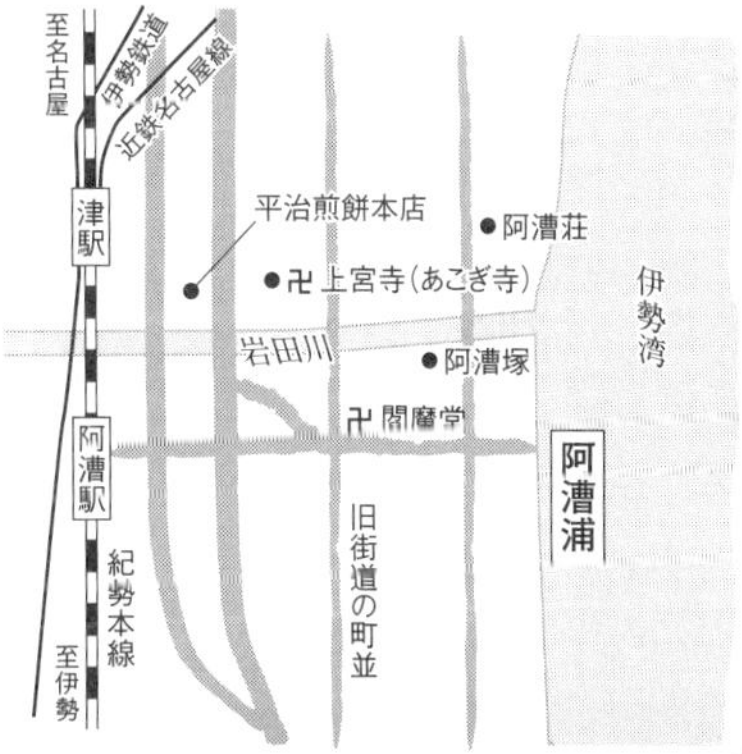

あこぎな町にやってきた。

名古屋から伊勢志摩方面に向かうＪＲ東海の爆走ディーゼルカー「快速みえ」に乗って、日本一短い駅名で知られる「津《つ》」で鈍行に乗り換える。するとその一つ先に、あこぎな町の最寄り駅がある。

「次は、あこぎー、あこぎー」

お、ここだここだと席を立った瞬間、周囲の視線が妙に気になりだす。まさか、ひょっとして、あこぎな人間だと思われはしないかと。いやいや、私があこぎだなんてそんな、めっそうもない。善良な一市民、ただの語源ハンターでございます。

ホームに降りると、駅名を表示した看板が目に飛び込んでくる。

そのものズバリ、「あこぎ」だ。

今は無人駅となっている昭和レトロな木造建築の駅舎を見上げると、漢字で「阿漕駅」とある。さていったいこの町の、どこがどんなふうにあこぎなのか……。
駅前に立つと目の前には何もない。駅を利用する人も少ないようだ。
名所案内の看板には、遠浅の海水浴場として知られる御殿場《ごてんば》海岸まで徒歩で五〇分とある。

シーズンになると海水浴客であふれるのだろう。

周辺には戦前まで日本を代表する紡績《ぼうせき》工場があり、貨物駅として大いに栄えたらしいが、戦時中空襲のターゲットとなり、町は一面焼け野原となってしまった。戦後は綿工業そのものが斜陽化して復興せず、今に至っている。おかげで空が広い。


語源ハンターにとって国語辞典のたぐいは、旅のきっかけとなるガイドブックでもある。言葉と土地が結びついたら旅に出る。今回、「あこぎ」の語源について、たとえば『明鏡国語辞典』には、こうあった。

「禁漁区の阿漕ヶ浦《あこぎがうら》（三重県津市の海岸）でしばしば密漁をして捕らえられたという漁師の伝説からという。そこからたび重なる意が生じ、さらに際限なくむさぼる意に転じた」

どうやら阿漕の海に、伝説となって語り継がれるような、密漁をして捕まった漁師がいたらしい。

『広辞苑』で「あこぎ」をひくと、ご丁寧に「阿漕ヶ浦」という地名の解説がある。

「三重県津市の海浜。伊勢神宮に供する神饌《しんせん》の漁場で殺生《せっしょう》禁断の地とされ、また、謡曲《ようきょく》・浄瑠璃《じょうるり》によって有名」

なるほど、阿漕の海は、伊勢神宮の神様にお供えする魚を調達する神聖な海だったので、禁漁区とされていたようだ。その禁漁区でたびたび密漁して捕まった貪欲《どんよく》であこぎな漁師がいたということか。

驚いたことに広辞苑には、そのあこぎな漁師の名前が出ていた。その名前は、

あこぎのへいじ【阿漕の平次】

阿漕ヶ浦で禁断を犯し、魚をえようとして簀巻《すまき》にされたという伝説の漁夫。

「あこぎ」の語源となった伝説の漁師の名は「阿漕の平次」(筆者注――地元では主に「平治」と表記されていることが現地取材でわかったので、以後「平治」と記す)。

平治は、神聖な禁漁区で密漁をたびたびくり返し、ついにはそれが発覚して捕まり、両手両足を縛られたうえに猿ぐつわをかまされ、筵《むしろ》でぐるぐる巻きにして沖に沈められる「簀巻」という刑罰に処せられたというのだ。これはただごとではない。

調べてみるとこの伝説は、平安時代の歌に詠《よ》まれたり、その後、浄瑠璃や能の題材になったりと、古来さまざまな形で伝えられている有名な逸話だとわかった。

たとえば鎌倉時代の『源平盛衰記《げんぺいせいすいき》』には、こんな歌がある。

「伊勢の海　あこぎが浦に　引網《ひくあみ》も　度重《たびかさ》なれば　人もこそしれ」

また室町時代には、世阿弥《ぜあみ》が謡曲『阿漕』という作品を残し、今もときおり上演されている。

今回の旅の予習に、矢来《やらい》能楽堂（東京・新宿区）で観世《かんぜ》九皐会《きゅうこうかい》の『阿漕』を鑑賞したが、海に沈められ地獄で苦しむ漁師が亡霊となってよみがえる妖気ただよう作品だった。がしかしそれにしても、ただ密漁した漁師が処刑されたという話だけでは、これほどまでに長く語り継がれて、ふだん使われる日本語のなかにまぎれ込むわけもない。いったいそこにはどんな物語が秘められているのだろうか。

観世九皐会による能『阿漕』

現地には、今も平治の霊を供養する阿漕塚《あこぎづか》があると聞いた。

ならば訪ねて、伝説のその真相を知りたい。

ということでやってきた、三重県津市阿漕駅。

まずは伝説の舞台となった伊勢湾の阿漕ヶ浦（現

在の地名「阿漕浦《あこぎうら》」をめざす。

東へ一直線、およそ一キロほど歩くと、阿漕山真教寺《あこぎさんしんきょうじ》の本堂、閻魔堂《えんまどう》がある。藤堂藩《とうどうはん》三二万石、藤堂高虎《たかとら》の子、高次《たかつぐ》の時代に建てられた。閻魔大王が大きな目を見開いて、悪霊や疫病が町に入らないように睨《にら》みをきかせている。

その閻魔堂の前に魚屋さんがぽつんと一軒。

のぞくと、ちょうど季節の小あじをさばいていた。近所に大型スーパーができて客足が遠のき、もっぱら一人暮らしのご老人宅に魚を届けて商売をしているという。

「阿漕の平治という漁師が、ご先祖さまだったりはしませんか?」

と物はためしに尋ねてみたが、平治の子孫ではなかった。

聞くところによると、今は阿漕浦ではほとんど水揚げがないので、仕入は主に松阪《まつさか》の魚市場からだという。伊勢神宮に供える魚を調達した神聖な海も変わってしまったようだ。

さて、閻魔堂から南に向かって、ところどころ古い町並みが残る旧街道が延びている。伊勢神宮に至る伊勢参宮街道だ。

電信柱を見ると「阿漕町《あこぎちょう》」と地名の表示がある。これぞ正真正銘、あこぎな町だ!

せっかくだから、あこぎな経営者がやっていそうな「あこぎ金融」や「あこぎ不動産」、

かつては伊勢詣の旅人でにぎわった伊勢参宮街道。町中に「あこぎ」の文字があふれている

はたまた医療費ボッタクリの「あこぎ病院」なんぞがあったりはしないかとあたりを見まわすが、なかなかそれらしいものを発見できない。

少し離れたブロックに、大正元（一九一二）年の建築だというモダンなプロテスタント教会「阿漕教会」を見つけたが、あこぎどころか、博愛の精神で満ちあふれていそうだ。

また、それこそまさにあこぎそうな「民宿あこぎ荘」を見つけたものの、先代まで松阪の網元《あみもと》だったというご主人が、工場建設など長期滞在の客を格安料金で泊め、朝夕自慢の料理の腕をふるっていた。あこぎだなんてとんでもない。

もともとが大きな網元だったと聞いて、ひょっとして阿漕の平治の末裔《まつえい》かと思ったが、残念ながらこちらもちがった。

夏は海水浴客でにぎわう白砂青松の阿漕浦

どうやら、あこぎな町だからといって、あこぎな人ばかりがいるわけでもなさそうだ。まあ、それはそうだ。

さて、ふたたび東へ進路をとる。

しばらくすると、やがて伝説の阿漕ヶ浦にたどり着く。白砂青松《はくしゃせいしょう》の海岸線がおよそ三キロ。遠浅の海に潮干狩りの家族連れがちらほら。浜伝《はまづた》いに南へいくと、遠く向こうに御殿場海水浴場が見える。

その昔、神聖な禁漁区だったこの海で、平治と呼ばれる漁師がたびたび密漁して捕らえられ、見せしめとして沖に沈められた。

平和な風景が広がるこの海でいったい何が……。

平治の霊を鎮《しず》めるために建てられたという阿漕塚は、海岸線から少し離れた住宅街のなかにあった。小さな公園に榎《えのき》の木が一本。その木陰《こかげ》に「阿漕塚」と刻まれた石碑が建っている。

江戸中期、天明《てんめい》二（一七八二）年の銘《めい》があるが、少なくとも江戸初期にはすでに塚はあったらしい。生花が手向《たむ》けられ、今も忘れられずに地元の人たちに親しまれていることがうかがい知れる。

もともとこの場所には、聖徳太子ゆかりの上宮寺《じょうぐうじ》という寺があった。地元では「あこぎ寺《でら》」と呼ばれている。現在近くに移転しているその「あこぎ寺」を訪ねて、二四代住職、清水谷博祇《しみずたにはくし》さんに話を聞いた。

すると、「あこぎ」という言葉にまとわりついているダーティーなイメージが一瞬にしてガラリと変わってしまう、涙なくしては語れない親孝行物語が寺に伝わっていた。

それはこんな話だ。

阿漕塚

阿漕の貧しい漁師、平治の母が病に倒れ、日に日に衰弱していく。

矢柄《やがら》という魚が特効薬になると聞いた平治は、禁漁区と知りながら危険をおかして、母のために夜な夜な網を打つが、ある晩、見回りの役人に見つかってしまい、あわてて逃げた。

ところがうっかり、浜辺に菅笠《すげがさ》を落としてしまった。

そしてそれが証拠となって平治は捕らえられ、簀巻にされて沖に沈められてしまった。


ここまでは国語辞典にも載っている。問題はその先だ。


平治が海に沈められて以来、阿漕ヶ浦から人の泣き声や、網を打つ音がするようになった。村人はその声に悩まされ、困り果てた。

やがて、平治が生前頼りにしていた上宮寺の西津律師《さいしんりつし》という和尚《おしょう》の枕元に、平治の亡霊があらわれ、このように懇願《こんがん》した。

「自分は禁を破って密漁をしてしまいましたが、それはひとえに病弱な母親を思ってのこと。ところが結局、罰を受けて母を残して先に死んでしまいました。なんという親不孝なことでしょう。おまけにこうしてあの世にもいけず、さまよっています。そのせいで母親が、ますます悲しみにくれています。そこで和尚さま、どうかお願いです。知り合いに預けている立派な仏像が一体あります。その仏像を和尚さまのお寺にお納めするので、どうか私を成仏《じょうぶつ》させてください。そうすれば母親も少しは安心することでしょう。せめてもの最後のお願いでございます」

哀れに思った和尚は、半信半疑で、平治が仏像を預けたという知り合いの家を訪ねた。すると平治がいっていた仏像が本当にあった。夢でも嘘でもなかったのだ。そこで和尚は、阿漕ヶ浦の浜の石に「浄土三部経《じょうどさんぶきょう》」の経文《きょうもん》を一文字ずつ書き写して、平治が沈められた海におさめた。

すると、あら不思議。それまで村人たちを苦しめていた泣き声が、ぴたっとやんだ。

村人はそんな親思いの平治のために塚を作り、以来今日に至るまで、上宮寺代々の住職が毎年、平治の命日でもある八月のお盆に法要を行い、漁師は漁を休むという。

そしてこの親孝行物語は、毎年数百万人が伊勢参りに出かけた江戸のころ、その通り道でもあった伊勢参宮街道の阿漕の伝説として、全国に広まっていった。

これが、今回あきらかになった「あこぎ」伝説のすべてだ。

そう、平治の地元では、「あこぎ」という言葉は、欲が深く図々《ずうずう》しいことを意味するのに積極的に使われたりはしない。それどころか逆に、母親思いでやさしい平治という人間がこの地にいたことを誇りに思う、そんな親孝行のシンボルのような言葉だったのだ。

亡霊となった平治が寄贈を約束したという雨宝童子立像

いい話を聞いた。すると上宮寺の現住職が、ことなげにこう付け加えた。

「そのときの仏像がまだありますが、見ていきますか？」

もちろん！

なんと、平治の亡霊が告げた仏像（雨宝童子《うほうどうじ》立像《りゅうぞう》）が、時を経て今も上宮寺本堂の厨子《ずし》に祀《まつ》られていたのだ。

関ヶ原の戦いの年、慶長《けいちょう》五（一六〇〇）年の大火で寺が焼け、仏像もその胴体が一部溶けてしまっているが、それがなければおそらく国宝か重要文化財クラスの歴史的にも貴重なお宝だろう。語源ハンティング的にも大発見だ。文句なしに、語源遺産に認定したい。

さてさて、「あこぎ」の語源を訪ねる旅のみやげには、平治が阿漕ヶ浦の浜に忘れた笠をかたどっている「平治煎餅《せんべい》」がある。

煎餅といっても関東の草加《そうか》煎餅のような醤油煎餅とはちがい、関西方面では一般的な小麦

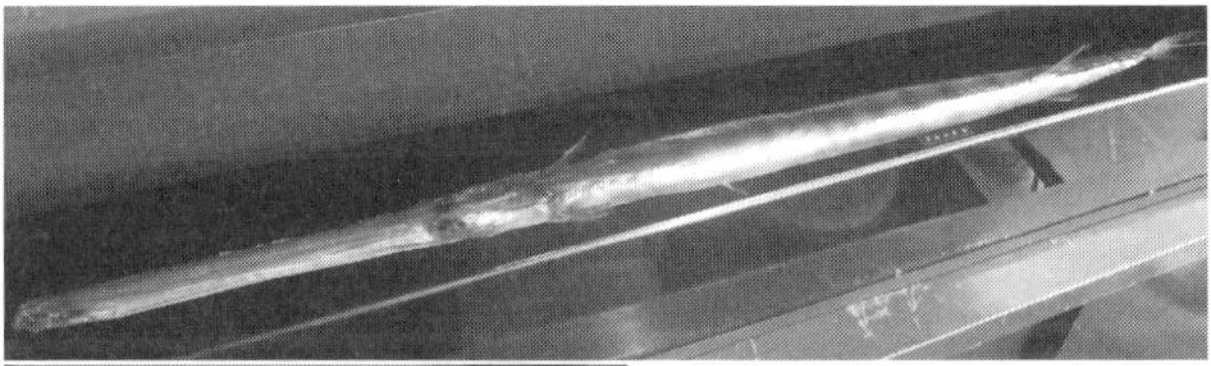

平治煎餅本店に飾られている、
アカヤガラの剥製

平治が浜に忘れた菅笠をモチーフ
にした伊勢街道名物・平治煎餅

粉と卵と砂糖で作る、ちょっと甘めの瓦《かわら》煎餅の仲間だ。

津市の中心街、大門《だいもん》にある平治煎餅本店には、平治が母親のために密漁を重ねた魚、矢柄（アカヤガラ）の剥製《はくせい》が展示されている。細くて長い口を乾燥させて、煎《せん》じて飲むと肝臓に効くらしい。

「昔はすぐそこの海でよくとれたんですけどね。最近は市場にもめったに出ない高級魚です。身は淡泊だけど、ぶつ切りにして鍋にすると、濃い出汁《だし》が出て美味しいんですよ」

と、平治煎餅本店の伊藤友治《ともはる》会長が教えてくれた。

縁《えん》の下《した》の力《ちから》持《も》ち

大阪府

人のために努力・苦労しても、認められないこと。転じて、人に知られないが、陰で努力・苦労すること。また、その人。

（広辞苑）

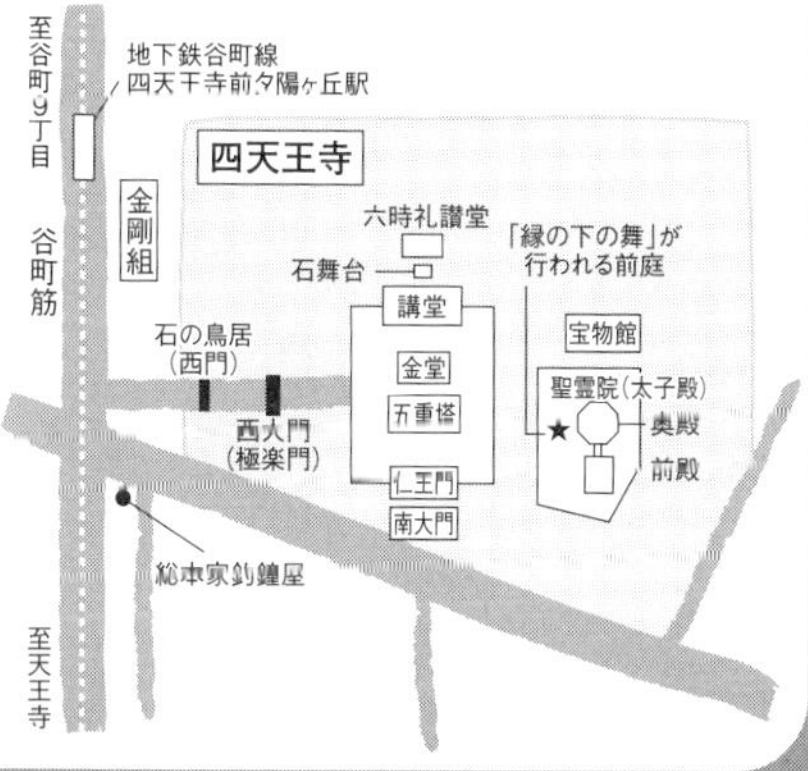

地元大阪で「天王寺《てんのうじ》さん」と呼ばれて親しまれている「和宗総本山四天王寺《わしゅうそうほんざんしてんのうじ》」。『日本書紀』にも登場するこの四天王寺は、持国天《じこくてん》、増長天《ぞうじょうてん》、広目天《こうもくてん》、多聞天《たもんてん》（毘沙門天《びしゃもんてん》）という古代インドの神々に由来する仏教界最強の守護神カルテット「四天王」を祀《まつ》っている。お笑い四天王、ものまね四天王、ラーメン四天王など、その世界のトップクラス四人をまとめて「××四天王」といったりするが、元々は、推古《すいこ》天皇元（五九三）年に聖徳太子が国を護《まも》るために創建したこの四天王寺の「四天王」に由来する言葉だ。

ここで毎年一〇月二二日に、「縁の下の力持ち」という言葉の由来にもなった伝統の秘儀「縁の下の舞《まい》」を見ることができる。関東では「縁の下の」とくれば「力持ち」とつづくが、上方《かみがた》のいろはかるたでは「舞」だ。それが変化して「縁の下の力持ち」になった。

そのルーツが四天王寺の秘儀にあるというのだから、語源ハンターとしては見逃せない。

ということで、一日千秋《いちじつせんしゅう》の思いでその日を待って、大阪へ向かう。

市営地下鉄谷町《たにまち》線、四天王寺前夕陽ヶ丘《ゆうひがおか》駅で下車。

「夕陽ヶ丘」というと、いかにも新興住宅地にありがちな名前だが、とんでもない。このあたりは、平安・鎌倉の時代には、サンセットを眺める絶景ビューポイントとして知られ、すでに当時から「夕陽山《ゆうひやま》」と呼ばれていた由緒ある土地だ。

その夕陽ヶ丘駅から徒歩五分。天王寺さんの西門にあたる大きな石の鳥居が見えてくる。鎌倉時代にそれまでの木造から建て替えられたこの鳥居は、吉野の銅の鳥居、宮島《みやじま》の木の鳥居と並ぶ日本三大鳥居の一つに数えられている。かつては、すぐ目の前まで海が迫っていた。

この西門の大鳥居は、あの世とこの世を結ぶ接点だと信じられている。極楽浄土《ごくらくじょうど》の東門と向かい合っているというのだ。

四天王寺西門は極楽浄土の入り口（東門）とつながっている

平安時代に、西門から海に沈む夕陽を眺めて念じると極楽浄土を体験できるという信仰が生まれて、大ブームになった。

特に春と秋の彼岸《ひがん》の中日《ちゅうにち》には、鳥居のちょうど真ん中を通って陽が落ち、極楽浄土がもっとも近くなる日だということで、何万もの人が集まるようになった。

空海《くうかい》や法然《ほうねん》、親鸞《しんらん》や日蓮《にちれん》といった高僧をは

じめ、紀貫之《きのつらゆき》や西行《さいぎょう》、藤原定家《ふじわらのていか》などなど、そうそうたる著名な歌人たちもやってきて、鳥居の向こうに極楽の光を見ようとした。

西門の向こうに広がる海は、当時日本の玄関口でもあったが、とうの昔に埋め立てられている。がしかし、それでも信仰は今もつづいていて、春秋の彼岸には、大鳥居越しに夕陽を拝もうとする人で天王寺さんは大いににぎわう。これは平安の昔からつづく大阪の風物詩だ。

鳥居で長居をしてしまった。

西門をくぐって境内《けいだい》に足を踏み入れる。するとそこは、大都会のど真ん中であることを忘れさせられるほど広々としていて気持ちがいい。敷地は甲子園球場の三倍。仁王門《におうもん》、五重塔、金堂《こんどう》、講堂が南北に一直線に並ぶ中心伽藍《がらん》が立派だ。

「伽藍」といえば余談だが、何もない状態を「がらんとしている」とか「がらんどう」などと表現するあの「がらん」は、僧侶が修行する場所とその建物を意味する「伽藍」からきている。

大陸の影響を受けた四天王寺の伽藍建築様式は日本でもっとも古いもので、つまり四天王寺は元祖「がらん」だ。五重塔最上階の回廊から中心伽藍全景を眺めると、なるほど、塀で囲まれた伽藍エリアは静かで、文字どおり、がらんとしているのが実感でよくわかる。

　さて、この日はちょうど「お太子《たいし》さん」と呼ばれる縁日だった。古着やアンティークなど約二〇〇軒の露店が並び、名物の赤飯屋は一時間待ちの大行列となっている。

「お太子さん」は、寺を創建した聖徳太子の月命日。ちなみに前日二一日は、弘法大師《こうぼうだいし》の月命日で「お大師さん」といい、この日もまた縁日で大勢の人がやってくる。天王寺さんは、庶民の霊場、祈りと憩《いこ》いのオアシスだ。

近隣のビル屋上から四天王寺を望む。手前にあるのが石の鳥居（西門）

　さあ、それではいよいよ「縁の下」の語源を目撃しよう。

　会場となるのは、縁日のにぎわいとはそこだけ隔絶された静かな一角。四天王寺の東端にある太子殿《たいしでん》（正式名称は聖霊院《しょうりょういん》）だ。聖徳太子の没後に鎮魂のため建てられた。

　この太子殿の前庭で「経供養《きょうくよう》」が行

五重塔最上階より太子殿を撮影。奥殿（左）と前殿（右）のあいだ、円で囲んだところで、「縁の下の舞」が行われている

われ、「縁の下の舞」が演じられる。

経供養とは、日本に仏教経典が伝来したことを記念して始まったもので、仏教と共に伝えられ発展した舞楽《ぶがく》と、併《あわ》せて写経が奉納される。「舞楽」とは「雅楽《ががく》」の元祖だ。

秋空の下、しばらく待つと、色美しい装束に身を固めた楽人《がくにん》が隊列を組んで入場する道行《みちゆき》から始まり、僧侶、そして経典を納めた籠《かご》がつづいてやってくる。

鎮魂の舞。慶賀の舞。舞人《まいびと》が、優雅に、そしてときに仮面をつけて激しく舞う。

聖徳太子が愛用したと伝えられる笛が吹かれ、僧侶の声明《しょうみょう》が天を突き、笙《しょう》や篳篥《ひちりき》、龍笛《りゅうてき》の音が静寂のなかにこだまする。

舞と演奏は、聖徳太子の重臣の家系で組織された天王寺楽人たちの流れをくむ「天王寺楽所《がくそ》雅亮会《がりょうかい》」のパフォーマンスだ。

江戸期に発行された関西方面の大ヒット旅行ガイド『摂津名所図会《せっつめいしょずえ》』をめぐると、経供養の紹介があり、こう解説している。

「太子堂西の庭上にて舞楽ある。これを俗に椽《えん》の下の舞といふ」

そう、ここまで「縁の下」と表記してきたが、実は、もともとは「椽の下」が正解だ。

「椽」は、訓読みで「たるき」と読む。建築用語の「垂木《たるき》」のことで、「屋根板を支えて、棟《むね》から軒《のき》にわたす木」をさしている。木造建築や寺院建築で、建物の壁より屋根が外に突出している部分があるが、そこを支えているのが椽（垂木）だ。

となると「椽の下」とは、ほぼ「軒先」に等しく、建物のすぐ近くを意味することになる。けっして、「縁側の床《ゆか》下《した》」のことではなかったのだ。それがいつしか音と文字が似ているからだろう、「椽」が「縁」になって、「縁の下」と書かれるようになった。

ここから先、わかりやすく「縁の下」という表記で話をつづけるが、「縁の下の舞」の開催日は、古くは、毎年旧

天王寺楽所雅亮会が四天王寺舞楽を伝承している

暦の三月二日。経供養も、そしてそこで行われる「縁の下の舞」も、完全非公開の秘儀だった。

この「秘儀」というところがポイントだ。非常に重要なセレモニーだというのに、周囲をぐるりと壁に囲まれた四天王寺太子殿の縁の下（軒先）の庭で、非公開で密《ひそ》かに行われていた。そのことから、「人に知られずに大切な仕事をしていること」のたとえとして、「縁の下の舞」という言葉が生まれた。人に見られていようがいまいが、大切なこと、やるべきことを、しっかりやりつづける。四天王寺の舞は、その模範でもあった。

やがて「縁の下の舞」という言葉は、上方のいろはかるたに採用されて広まり、日常の会話のなかに登場するようになる。そして言葉が東へ伝わるにつれ、尾張《おわり》名古屋のあたりから、「縁の下の舞」が「力持ち」に変化していった。表記が「椽の下」から「縁の下」になったことで、縁側の下がイメージされ、見えないところで重い家を支えるという連想から、「力持ち」になったのではないだろうか。

大阪から距離が離れれば離れるほど、四天王寺の「縁の下の舞」といってもわからない人が増えるので、東へいくほど、もともとの「縁の下の舞」よりも「縁の下の力持ち」のほうが優勢になったと考えられる。

そして「縁の下の力持ち」が、江戸のいろはかるたに採用されたことで形勢は人逆転。本家より変化形が一般的になった。

さて、四天王寺の経供養と「縁の下の舞」は、長いあいだ完全非公開の秘儀だったが、昭和四〇年代以降、一〇月開催となり、それにともない一般無料公開されるようになった。

ちなみに四天王寺では、国の重要無形民俗文化財「聖霊会《しょうりょうえ》舞楽大法要」が毎年四月二二日に行われているが、これを「縁の下の舞」の由来としている辞典類やその孫引きをよく見かける。しかしこれは事実と異なるので、語源ハンティングにあたっては注意されたし。

聖霊会の舞楽は、重要文化財に指定されているオープンエアーの石舞台で行われ、どこからでも見学可能だ。けっして秘儀ではなく、人知れず大切なことをするという言葉の由来には、なりようもない。

ところで、四天王寺で「縁の下」を語るのに、「金剛組《こんごうぐみ》」に触れないわけにいかない。

金剛組は、現存する世界最古の企業として知られている。熟練の宮大工《みやだいく》一〇〇人をたばね、一四〇〇年以上にわたって四天王寺の縁の下の力持ちでありつづけている元祖ゼネコンである。

特に、見えない床下、まさに縁の下にいちばん心血《しんけつ》をそそいでいると評判だ。日本各地の神社仏閣、文化財の建築や修復も手がけている。たとえば、日本武道館の入口になっている旧江戸城の田安門《たやすもん》を復元したのも金剛組だ。

そこで、今も四天王寺のすぐ脇にある本社を訪ね、広報担当の阪本利道《さかもととしみち》さんに話を聞いた。

金剛組初代金剛重光《しげみつ》は、日本仏教の夜明けを切り拓いた聖徳太子が、五七八年に朝鮮半島の百済《くだら》から招いた三人の工匠《こうしょう》のうちの一人。四天王寺の建設を通じて、当時最先端の技術を日本にもたらした。

四天王寺は、織田信長の焼き討ちや大坂冬の陣、最近では第二次世界大戦の大空襲などによって幾度となく消失しているが、そのたびに、高度な技術を継承している金剛組が縁の下の力持ちぶりを発揮して再建してきた。

目利きの宮大工が時間をかけて見極めた木と石を組み合わせ、盤石《ばんじやく》の基礎工事をする。そして、じっくり木を見て、木と会話をしながら、文字通り「適材適所」で、三百年、五百年、そして千年持続する建築をめざす。

棟《むね》上げのとき、どこの誰が建てたのか名前を記す「棟札《むねふだ》」を建物内部に打ち付けるが、後世の職人に「こいつ、ろくな仕事してないな」などといわれて恥をかかないよう、職人のプライドとロマンをかけて、見えないところこそ手を抜かずにきっちり仕事をする。

そんな金剛組に『職家心得《しょくかこころえ》の事』という家訓が伝わっていた。

①お寺お宮の仕事を一生懸命やれ
②大酒をつつしめ
③身分にすぎたことをするな
④人のためになることをせよ

肝《きも》に銘《めい》じて、心して仕事をしたい。


さてさて、語源ハンティングのお楽しみ、四天王寺みやげといえば、西門近くにある総本家釣鐘屋《つりがねや》の名物「釣鐘まんじゅう」だろう。

縁の下の舞が行われた経供養でも、聖徳太子の秘仏が安置されている聖霊院の奥殿にうやうやしく運び込まれるのを目撃した。

梵鐘《ぼんしょう》をかたどったひと口大のカステラに、ざらめで炊いたこし餡《あん》がぎゅっと詰まって一

四天王寺名物「釣鐘まんじゅう」

個一一〇円。店の奥で熟練の職人が、使い込んだ真鍮《しんちゅう》製の型を使ってリズムよく焼き上げている。甘くいい香りがあたりにただよう。

焼きたてもうまいが、ひと晩おいてカステラとこし餡がほどよくなじんだ頃合いが最高だ。餡がしまることで、口に入れたときに小豆《あずき》の味がよくわかる。「きのうのまんじゅうをくれ」という舌の肥えた常連客がいると、四代目店主、高橋博文《たかはしひろふみ》さんが教えてくれた。

すべて手作り。参道の本店と境内にある二カ所の休憩所でのみ手に入れることができる。

ちなみに、先ほどの世界最古の企業、金剛組が総本家釣鐘屋の増改築工事を手がけたが、基礎工事で何もそこまで掘らなくてもと、びっくりするほど丁寧な仕事ぶりだったらしい。おかげで古い商家建築にもかかわらず、阪神大震災でも、びくともしなかった。

ここでもまた、たとえ目に見えない仕事でもけっして手を抜かない「縁の下の力持ち」魂を見せつけられた。

つつがなく

山形県

やまいがない。息災である。異状がない。無事である。

（広辞苑）

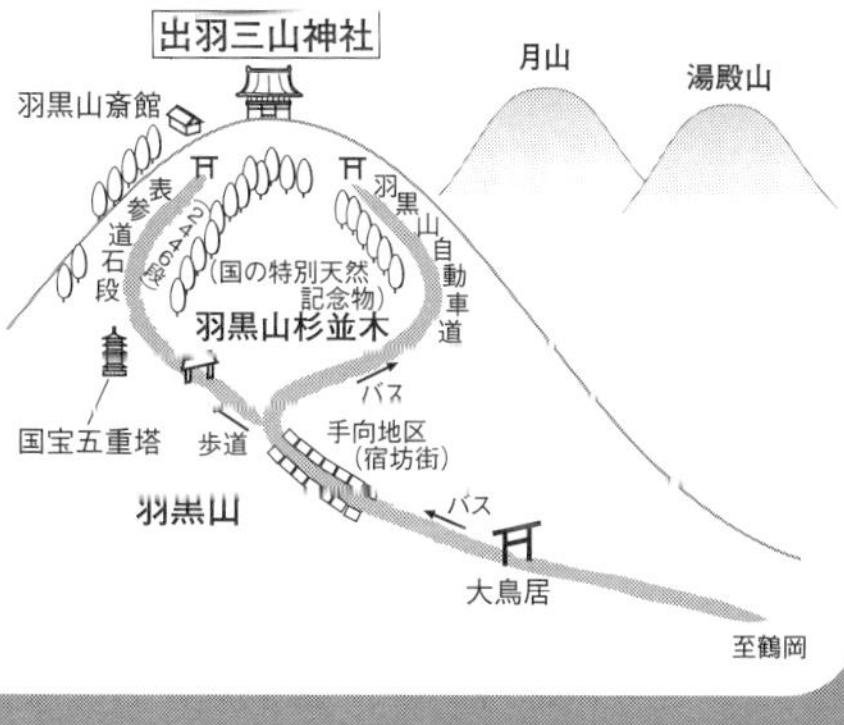

年の瀬も押し迫った一二月三〇日、名曲『雪の降る街を』誕生の舞台となった鶴岡《つるおか》は、よりにもよって季節はずれの大雨だった。

めざすは、山岳修験《さんがくしゅげん》の霊場として古くから信仰を集めている出羽三山《でわさんざん》（月山《がっさん》、羽黒山《はぐろさん》、湯殿山《ゆどのさん》）の中心、羽黒山だ。

その山頂で、大晦日《おおみそか》から元旦にかけて、「ツツガムシ」を退治する勇壮な火祭り、松例祭《しょうれいさい》が行われる。

何を隠そうこの松例祭こそが、「つつがなくお過ごしですか?」「式典がつつがなく行われた」などと使う「つつがなく」の語源にまつわる神事なのだ。言うなれば、重要無形民俗文化語源遺産である。

今回、妻と息子を連れて山へ登ることにした。

ふだん、語源ハンティングの旅は一人旅を基本としている。その土地の人たちと、じっくり向き合って話をするには、一人のほうが好都合だからだ。

がしかし、「大晦日と元日くらいは家族と共に、つつがなく無事に一年を過ごせたことを感謝して、新しい年を迎えたい」という殊勝《しゅしょう》な思いが芽生えて、珍しくファミリーで語源の旅に出た。

羽黒山への玄関口、鶴岡は、江戸の面影《おもかげ》がそこかしこに残る町だ。藤沢周平原作の映画『たそがれ清兵衛《せいべえ》』や『武士の一分《いちぶん》』の舞台でもある。

せっかくだから山へ登る前に、いくつか寄り道をする。

庄内《しょうない》藩時代の藩校「致道館《ちどうかん》」を見学、有名人もお忍びで訪れるという「絵ろうそく」の富樫蠟燭《とがしろうそく》店で伝統工芸の絵付けを体験し、即身成仏《そくしんじょうぶつ》のミイラで名高い南岳寺《なんがくじ》に立ち寄ったのちに、夕刻、庄内交通の路線バスに揺られて、いざ語源遺産の羽黒山へ！

山頂までは約五〇分の道のりだ。

山の麓《ふもと》にある大鳥居をくぐったあたりから、雨が雪に変わり、ときおり稲妻が走り、激しく雷鳴がとどろく。これから大雪が降ることを告げる冬の雷、雪雷《ゆきがみなり》だ。

そもそも真冬の羽黒山で年越しをすることになったのは、光文社のPR誌『本が好き！』秋吉潮《あきよしうしお》編集長のひと言がきっかけだった。

この新書のベースになった連載『見てきてさわる語源の旅』で、「らちがあかない」（京都・上賀茂《かみがも》神社）をテーマにした一文（41ページ〜）を寄せたところ、その本文中に「つつがなくすべての神事が終了し」とあるのを見つけた編集長氏がこういった。

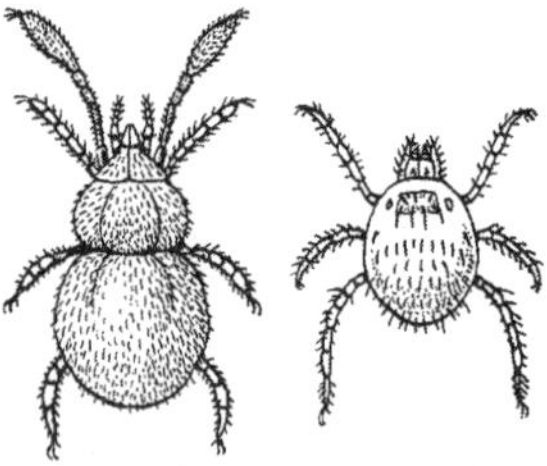

（成虫）　（幼虫）

ツツガムシ（日本国語大辞典より）

「ところで、ツツガムシって、どんな虫なんでしょうね？」

えっ？　ツツガムシ？　なんだソレ？

うかつだった。語源ハンターを名乗りながら、「つつがなく」の語源をまったく意識することなく使っていた。「ツツガムシ」という「虫」がいるとは、ついぞ考えたこともなかった。

さっそく調べてみた。すると、「つつがなく」は、「恙《つつが》」（ツツガムシ病）、またはこの病気を媒介する「恙虫《つつがむし》」に由来するという説があることを知った。

大学医学部の研究論文や調査データ、関連書籍などで学んだところによると、ツツガムシ病とは、畑や雑木《ぞうき》林《ばやし》などで、リケッチア・ツツガムシという病原体を持つダニ目《もく》ツツガムシ科に属するダニの幼虫に咬《か》まれて発病する感染症だ。

一、二週間の潜伏期間後、悪寒《おかん》、発熱、頭痛、関節痛、全身倦怠《けんたい》といった風邪に似た症状があらわれ、その後、全身に粟粒《あわつぶ》大の赤い発疹《ほっしん》が広がってリンパ節が腫《は》れ上がり、最悪、死に至る。今でこそ特効薬があり早期治療で命は救われるが、ほんの百年ほど前までは、致死率が五〇パーセント近いやっかいな病気として恐れられていた。

「ツツガムシ」の「ツツ」はツチ（土）で、「ガ」はカム（咬む）。土から出てきて人を咬むから、ツツガムシだ。

バスが、羽黒山中腹にある門前町、手向《とうげ》地区をいく。

かつてこのあたりには、三〇〇を超える宿坊《しゅくぼう》が軒《のき》を連ねていた。現在でも三〇軒以上が参拝客を迎えている。石垣や木立《こだち》に囲まれた立派な茅葺《かやぶ》きの宿坊が並んでいて、次第に修験の山へおもむく心持ちになってくる。山頂に近づくにつれ、あたりは幻想的な雪の世界に変わっていく。

羽黒山山頂にある出羽三山神社

終点「羽黒山頂」でバスを降りると、夕闇のなかに、吐く息がきりりと白く凍《こお》る。

真新しい雪を踏みしめながら、五分ほど歩くと出羽三山神社だ。ちょうど、ホラ貝の音が低く木霊《こだま》し、歓声がわっと聞こえてきた。

見ると、降りしきる雪のなか、神社の前に広がる庭に、

ツツガムシの形をした大松明と、妖怪「恙虫」
（竹原春泉画『絵本百物語』より）

まるまると太った巨大な「ツツガムシ」が二匹うずくまっていた！

その正体は、門前町手向地区の若い衆が今まさに完成させたばかりの、藁《わら》で作った全長五、六メートルはある大きな松明《たいまつ》だった。大晦日に、この大松明に火をつけて、ツツガムシをあぶり殺して退治するのだ。

よく見るとその姿は、江戸期天保《てんぽう》年間（一八三〇〜四四年）に刊行された妖怪大図鑑『絵本《えほん》百物語《ひゃくものがたり》』にそっくりだ。

この本は、京極夏彦《きょうごくなつひこ》の直木賞受賞作『後巷説《のちのこうせつ》百物語』のモチーフにもなっている画集として有名だが、そこに、いかにも恐ろしげな、人を刺し殺す妖怪「恙虫」が描かれている。『絵本百物語』に添《そ》えられた解説文によると、ツツガムシに生き血を吸われて死者が大勢出た斉明《さいめい》天皇（在位六五五〜六一年）の時代以降、ツツガムシに刺されずに無事であることを「つつがなし」というようになったと、語源についてもふれている。

「つつがなし」という言葉そのものは、その半世紀ほど前の推古《すいこ》天皇一五（六〇七）年に、聖徳太子が遣隋使《けんずいし》の小野妹子《おののいもこ》に託した中国皇帝への手紙のなかにも登場する。

「日出《ひい》づる処《ところ》の天子《てんし》、書を日没《ひぼつ》する処の天子に致《いた》す、恙無《つつがな》きや」（日が昇る国から沈む国の皇帝に手紙を送ります。つつがなくお過ごしですか）

と。「恙無」は、オフィシャルな言葉として中国でも使われていた。

羽黒山の開山は、さらにその一四年前、聖徳太子が「縁の下の力持ち」（81ページ〜）の語源遺産でもある四天王寺《してんのうじ》（大阪）を建立《こんりゅう》したその同じ年、推古天皇元（五九三）年のことだ。聖徳太子の従兄弟《いとこ》にあたる蜂子皇子《はちこのおうじ》（崇峻《すしゅん》天皇の第一皇子）が、ツツガムシを退治して人々を救ったと伝えられている。

古来、人々は絶えずツツガムシ病に苦しんできた。だからこそ、ツツガムシに刺されないように、つつがなく無事に過ごせるようにと、願い、祈った。

そうして、「つつがなく」という言葉が広く使われるようになっていった。

さて、出羽三山神社の前庭にある巨大な二匹の妖怪ツツガムシをとくと眺めてから、神社本殿と渡り廊下で直結している宿坊「羽黒山斎館《さいかん》」に旅の荷をほどく。出羽三山のさまざまな祭事や山伏《やまぶし》のお籠《こ》もり所となっているところだ。何百人と泊まれる参拝者の宿泊所でもあり、また食事処としても利用されている。

晩のごはんに大広間へいくと、この日の泊まり客は、我が家を入れてわずかに四組。ほか三組は、全員外国人だった。

名物の胡麻《ごま》豆腐など精進《しようじん》料理をいただいて部屋へ戻り、温度計を見ると室温は摂氏《せつし》三度。石油ストーブを焚《た》くが、半径一メートルしか温かくならない。熱いお茶をいれても、すぐに冷めてしまう。が、家族がいると、それもまた楽しい。

冷たくて凍りそうな耳を澄ますと、読経《どきよう》の声が静かに響いてくる。

門前町より「松聖《まつひじり》」と呼ばれる山伏最高の名誉とされる長老二名が選ばれ、九月からこの斎館に籠もって、「冬の峰《みね》」と呼ばれる厳しい百日の行《ぎよう》にはげんでいる。祭壇に朝と夕に神饌《しんせん》を供え、天下泰平、五穀豊穣《ごこくほうじよう》、家内安全、つつがなくつつがなくと祈願祈祷《きがんきとう》している。大晦日はその満願百日目にあたる。

さあ、明けて大晦日の朝。いよいよ「つつがなく」の語源祭り、松例祭の当日だ。

午後から祭りで忙しくなる前に、いったん手向地区まで下って、二四四六段もある石段の表参道を歩いて、あらためて山頂をめざす。昨日はすでに夕刻で暗かったのでバスで山頂近くまでいってしまったが、この石段をのぼらない手はない。

自分と妻と息子の三人以外は、誰もいない銀世界。樹齢数百年、杉の巨木の大枝に積もる雪が風に舞う。道中、日本三大五重塔の一つ、一三七二（文中《ぶんちゅう》元）年に再建された国宝の羽黒山五重塔が、森のなかに泰然と佇《たたず》んでいて、ハッとするほど美しい。

新雪に覆われた石段を踏みしめながら、全長約二キロ、およそ一時間半の雪山登山の末、再び山頂の神社へと戻る。

（上）大晦日、松聖がそれまで籠もっていた羽黒山斎館から出羽三山神社へおもむく
（下）国宝・羽黒山五重塔

ツツガムシを束ねていた綱を切ってまく「綱まき」

午後三時、「綱《つな》まき」が行われる。

まず若い衆が、巨大ツツガムシを束《たば》ねている太い綱をほどいて、五、六〇センチほどの長さに切り分ける。そこへ、長老「松聖」二名があらわれ、それぞれツツガムシの上に立ち、綱を放り投げる。

その綱を参拝者が、くんずほぐれつ、もつれあい、転げながら奪い合う。綱は持って帰って戸口に吊《つる》しておくと、魔除《まよ》けや火防《ひぶせ》のまじないになるというので、女性陣まで髪を振り乱して真剣だ。

その後、綱をほどかれてまるで枯れ草の山のようにバラバラに解体されたツツガムシは、日暮れとともに、ひとまわり小さいツツガムシとして復元される。これは「まるき直し」と呼ばれ、一度退治した悪霊が夜になるとムクムクと生き返るという設定である。まるでゾンビのような妖怪だ。

松聖の控室となっている小屋「補屋《しつらえや》」をのぞくと、一段高いところに祭壇がしつらえてあり、土間では燃えさかる焚き火を囲んで各町内の若い衆が酒を酌《く》み交わしている。

一般の参拝客も出入り自由で、酒や、トンブリ（ほうき草の実）をたっぷりまぶした真ん丸のおにぎりが、ふんだんにふるまわれていて食べ放題だ。

「真ん丸のおにぎりは、神様の魂。これを食べるということは、神様の魂を自分の身体のなかに入れるということにもなるんですよ。さあ、どんどん食べていって！」

炊きたてのあつあつゴハンで握ってくれる神様の魂を口いっぱいに頬《ほお》ばると、畑のキャビアといわれるトンブリのほのかな甘さと、おにぎりを握るときの塩気が抜群にマッチしていて、家族三人思わず「！」と顔を見合わすほど、かなり美味しい。

神様、ごちそうさま！

食べ放題「神様の魂」はかなり美味しい

松例祭のクライマックスは、午後一〇時四五分。神社の本殿で「験競《げんくら》べ」が、そしてつづいて前庭で「大松明引き」が行われる。

まず「験競べ」だ。本殿のなかで、六人ずつ二組、計一二名（一年一二カ月の象徴）の山伏が、順番にぐるりと一周、怪鳥のごとく何度も何度も

烏とび。ベテランほど美しく跳ぶ

ジャンプしながらまわって、その跳躍力や飛ぶ姿を競う。俗に「烏《からす》とび」ともいう。

これは、本殿から三〇〇メートルほど離れたところにある補屋にいる二人の松聖が、霊力であやつっているとされている。一〇〇日間におよぶ「冬の峰」の行で獲得したスーパー霊力を使い、遠隔操作で山伏たちをコントロールして飛ばせている。跳躍の高さや姿勢も、山伏ごとにそれぞれ特徴があって面白い。それもこれも松聖の霊力のなせるわざだ。

さて、その烏とびがすべて終わった瞬間、ホラ貝を合図に、こんどは前庭で「大松明引き」がスタートする。

雪のなかを約八〇人の若い衆が「位上《いじょう》」と「先途《せんど》」の二手に分かれて雄叫《おたけ》びを上げながらダッシュで走る。二匹のツツガムシを四本の綱に結びつけて、それぞれ六、七〇メートル先の所定の位置に掘ってある穴まで曳《ひ》いていき、力をあわせてツツガムシを立てかけ、そして火をつける。

するとたちまち、藁でできたツツガムシは激しく燃え上がって火だるまとなり、真っ白な雪が赤く炎に照らし出される。

この神事は新年の吉凶《きっきょう》の占いでもある、どちらのツツガムシが早く燃え尽きたかで勝負が決する。位上が勝てば翌年は「豊作」、先途が勝てば「豊漁」が約束される。

どちらにしても豊かな恵みを授かることになる。神様は大らかで優しく太っ腹だ。

やがて除夜の鐘。

大晦日に松明を火あぶりにして新年を迎える

しんしんと降る雪のなかで、ツツガムシのいない平和な新年を、家族と共に、つつがなく迎えた。

ところで旅のお楽しみ、羽黒山のみやげは、予約をしておけば、山頂の宿坊「羽黒山斎館」名物の自家製胡麻豆腐を持ち帰ることができる。山伏がその苦行に耐えたスタミナ源として伝えられてきた。

「羽黒山斎館」の胡麻豆腐。おかわりしたいほどの美味しさ

あんかけや、わさび、からし醤油などお好みで、その日のうちに召しあがれ。

京都府

時機におくれてどうにも仕様のないこと。手おくれ。

（広辞苑）

あとの祭《まつ》り

日本全国、祭りの数は年間約三〇万。

祭りといっても、儀式的なものからピーヒャラピーヒャラの祭礼までいろいろあるが、単純計算すると、一日あたり八〇〇以上の祭りが、日本のどこかで行われている勘定になる。

これは、神社本庁が調査員二五〇〇〇人を投入、五年の歳月をかけて実施した「全国神社祭祀《さいし》祭礼総合調査」による数字だ。

では、後悔しても手遅れであることを意味する「後《あと》の祭り」という言葉の「祭り」とは、いったいどこのどんな祭りのことなのか。ふとそんな疑問を抱いて調べてみた。

すると、あったあったありました！

「後の祭り」の「祭り」とは、ほかでもない、祭りのなかの祭り、祭り界のスーパースター、東京の神田祭《かんだまつり》、大阪の天神祭《てんじんまつり》と並ぶ日本三大祭りの一つ、京都八坂《やさか》神社の「祇園祭《ぎおんまつり》」に由来するというのが、どうやら通説らしい。

いったいそこにはどんな関係が？

ということで、祇園祭のクライマックスともいえる「山鉾巡行《やまぼこじゅんこう》」が行われる七月一七日、東京発午前六時ジャストの新幹線のぞみ一号に飛び乗って京都へ向かう。

この日を逃したら、また一年待たなければいけない。それこそ後の祭りだ。

京都駅で市営地下鉄に乗り換え、烏丸《からすま》線四条《しじょう》駅に降り立ったのは、スタート時間の午前九時ちょっと前。間に合った……。沿道はものすごい人だかりだ。警察発表は一四万人。

そのなかを、先頭をいく豪華絢爛《けんらん》な山鉾、長刀鉾《なぎなたぼこ》が、四条烏丸から東へとゆっくり動き出す。高さ二五メートル、重さ一一トン。外国人の姿もちらほら見える力自慢の男衆《おとこしゅう》四〇〜五〇人が引き綱を曳《ひ》き、山鉾に乗り込んでいる囃子《はやし》方が、「コンコンチキチ、コンコンチキチ」と笛や鉦《かね》で祇園囃子をかき鳴らす。

山鉾巡行の先頭をいく長刀鉾の「辻回し」

　長刀鉾をふくむ全三二基《き》の山鉾が、四条通《しじょうどおり》を東へ、つづいて河原町《かわらまち》通を北上していく。

　途中、四条河原町と河原町御池《おいけ》の交差点では、最大の見せ場でもある「辻回《つじまわ》し」が行われる。

「ヨーイヨーイ、ヨーイトセ」

路面に何本もの青竹《あおだけ》を敷いて水をまき、その上に車輪を乗せ、豪快にすべらせて九〇度方向転換をする。その後、山鉾はさらに河原町御池から御池通を西へと向かう。華麗にして荘《そう》厳《ごん》な「動く絵巻物」、「動く美術館」だ。

と、まるで観光客のように感心している場合ではない。旅の目的は語源ハンティングだ。

通説では、このようにいわれている。

七月一日からほぼ一カ月間にわたってくり広げられる祇園祭には、「先《さき》の祭り」と「後の祭り」がある。一七日が「先の祭り」で、二四日が「後の祭り」だ。そのうち「先の祭り」は、山鉾巡行があってにぎやかだが、「後の祭り」は山鉾が出ないのでさみしい。それを知らずに、二四日に出かけると、

「えっ？　後の祭りの今日は山鉾が出ない？　早くいってよ！　だったら見物に来ても意味がないじゃないか。わざわざ京都までやってきたのに、そういうことだったら、先の祭りにしておけばよかった。なんて今さらぼやいても、もう手遅れだよね。残念だなぁ……」

ということになる。そんなことから、「タイミングを逃してしまって取り返しがつかないこと」を「後の祭り」と表現するようになったというのだ。

おっと。だったら語源ハンターとしては、山鉾巡行がくり出す一七日の「先の祭り」ではなく、あえて二四日の「後の祭り」にこそ行くべきではないか、といった声が聞こえてきそうだ。

ごもっとも。実は、一週間後の二四日にも京都を訪れている。がしかし、あえてまず一七日に出かけたのには訳がある。

というのも祇園祭は、一九六六（昭和四一）年から、「先の祭り」と「後の祭り」の一部が合体して、一七日にまとめて行われているというのだ。

当時、急激に車が普及したという交通事情や観光行政的な理由から、「一日にまとめてしまえ！」ということになったらしい。関係者は猛反対したそうだが、結局、「先の祭り」と「後の祭り」は一七日にまとめられてしまった。

ここで、祇園祭とはそもそも何なのかを、おさらいしておいたほうがいいかもしれない。

平安初期の八六九（貞観《じようがん》一一）年、平安京（大内裏《だいだいり》）のすぐ南にある庭園、神泉苑《しんせんえん》で行われた祇園御霊会《ごりようえ》が、祇園祭の始まりといわれている。

都に大流行した疫病や災厄の退散を願って、当時の国の数と同じ六六本の鉾《ほこ》を立て、祇園

祇園祭は本来、神輿が中心の祭り

社（現在の八坂神社）から鉦や太鼓を打ち鳴らしながら神輿《みこし》を送り出して災厄を鎮《しず》めた。これは、神輿祭りの元祖でもある。

神社から神輿が出かけていくのが「先の祭り」。後日、神社に戻るのが「後の祭り」だ。九七〇（天禄《てんろく》元）年からは毎年行われるようになり、一四世紀には現在の山鉾につながる形が完成した。

うっかりすると山鉾巡行が祇園祭のメインのように思ってしまうが、歴史を振り返ってわかるように、山鉾は露払《つゆはら》いで、主役は神輿だ。

今も一七日と二四日の両日、はっぴ姿の男たち千人以上が、「ホイット、ホイット」の掛け声とともに、三基の神輿をかついで都をうねり歩く。

では、一七日にまとめられてしまった「後の祭り」とは、いったいどんな祭りなのか。

現地へ行って疑問はあっさり解けた。

街頭で、山鉾巡行のルートと、鉾が出る順番が書かれたチラシが配られていたが、そこにズバリ、「後の祭り」という文字があった。それによると、山鉾巡行全三二基のうち、前半二三基が「先の祭り」で、後半の九基が「後の祭り」だと解説されている。

チラシには、こうあった。

【先　祭】
長刀鉾《なぎなたぼこ》、芦刈山《あしかりやま》、太子山《たいしやま》、白楽天山《はくらくてんやま》、函谷鉾《かんこぼこ》、霰天神山《あられてんじんやま》、綾傘鉾《あやがさぼこ》、伯牙山《はくがやま》、月鉾《つきぼこ》、木賊《とくさ》山《やま》、孟宗山《もうそうやま》、占出山《うらでやま》、鶏鉾《にわとりぼこ》、郭巨山《かっきょやま》、四条傘鉾《しじょうかさぼこ》、油天神山《あぶらてんじんやま》、菊水鉾《きくすいぼこ》、保昌山《ほうしょうやま》、蟷螂山《とうろうやま》、山伏山《やまぶしやま》、放下鉾《ほうかぼこ》、岩戸山《いわとやま》、船鉾《ふねぼこ》

【後　祭】
北観音山《きたかんのんやま》、橋弁慶山《はしべんけいやま》、鯉山《こいやま》、八幡山《はちまんやま》、鈴鹿山《すずかやま》、役行者山《えんのぎょうじゃやま》、黒主山《くろぬしやま》、浄妙山《じょうみょうやま》、南観音山《みなみかんのんやま》

いったい誰が「後の祭りは山鉾が出ないのでさみしい。見物にいっても意味がない」などと言い出したのだろうか。現行の「後の祭り」にも山鉾は出ているし、「先の祭り」と「後

「後の祭り」の代表格・北観音山。町内に戻ると、厄除けの柳を受け取ろうと人が殺到する

の祭り」が合体した一九六六年以前も、七月二四日の「後の祭り」に山鉾巡行は出ていたという。

「後の祭り」がさみしいだなんてとんでもない。

実際、「後の祭り」の先頭をいく北観音山は、山鉾を出している町内に古くから三井家《みついけ》、松坂屋《まつざかや》といった豪商があったため、「先の祭り」の先頭をいく長刀鉾と並ぶほどの豪華さだ。また、大トリを務める南観音山も負けず劣らず立派で迫力がある。

北観音山や南観音山のうしろには柳の大枝が飾られているが、無病息災、厄除けのお守りになるということで、巡行後、枝を求めて見物客が殺到する。

さみしいどころじゃないし、見物する意味がないなどということは断じてない。

八坂神社に奉職して三〇年になる禰宜《ねぎ》の辻忠年《つじただとし》さんも、

「一七日の先の祭りは神幸祭《しんこうさい》、二四日の後の祭りは還幸祭《かんこうさい》といって、神様が町なかにお出ましになって、また御神輿に乗って還《かえ》ってくるお祭りです。後の祭りがさみしいとか、軽視することなど絶対にありません」

と、「後の祭り」という言葉が祇園祭に由来する、とされていることに納得がいかない様子だ。

ちなみに現在、もともと「後の祭り」が行われていた二四日には、還幸祭の神輿に先立って、山鉾巡行の代わりに花傘《はながさ》巡行が行われている。

花傘巡行は、古い時代の祇園祭を現代に再現していて、傘鉾《かさほこ》が一〇基あまり、花車《はなぐるま》、舞《まい》妓《こ》さんの踊子屋台、獅子舞、鷺《さぎ》踊り、幌《ほろ》武者《むしゃ》、祇園太鼓など、千人以上の行列が往来を練り歩いて華やかだ。これはこれでかなり見応えがある。

7月24日の花傘巡行

ではいったい、どうしたことから「後の祭り」という表現が生まれたのだろうか？

一七日の山鉾巡行に付いて歩き、すべてが終わって合点《がてん》がいったことがある。

午前九時に四条烏丸からスタートした山鉾巡

行の先頭をいく長刀鉾が、ゴール地点の御池新町《おいけしんまち》にたどりついたのは正午前。その後、順々にゴールに到達して、すべての山鉾がそれぞれの町内へ戻っていったのが、おおよそ午後二時をまわったあたりだった。

巡行が終わって町内に戻ると、山鉾はあっというまに解体・収納される

豪華絢爛な山鉾は、組み立てに一週間もかかるそうだが、巡行を終えて町内へ戻ると、休むまもなく、ただちに解体作業が始められる。大きな車輪が外され、趣向を凝《こ》らした装飾が手際よく片付けられ、あっというまに骨組みが晒《さら》され、バラバラに分解されて仕舞い込まれていく。都《みやこ》を練り歩いて、悪鬼や疫病を吸い寄せた山鉾を、いつまでも外に出しておくわ

けにはいかないからだ。

午後三時すぎ。そうとも知らず遠路《えんろ》はるばるやってきたというカメラを手にした初老の男性に呼び止められ、「山鉾巡行はどこで見られますか?」と路上で尋ねられた。

あいにく、巡行どころか、山鉾の姿も、もう見ることはできない。つい先ほどまで、煌《きら》びやかな雄姿を誇っていた山鉾は、タッチの差で、すでに解体されてしまっているのだから。

まさか祭りの当日に、山鉾がこれほどまでに素早く片付けられようとは、夢にも思わなかったにちがいない。

時機を逸《いっ》してしまったとわかり、肩を落としてがっかりするアマチュアカメラマン氏の顔を見て悟った。ああなるほど、これが「後の祭り」かと。


さて、語源ハンティングのお楽しみ、祇園祭のみやげには、室町時代の一五〇三（文亀《ぶんき》三）年創業、川端道喜《かわばたどうき》の「水仙粽《すいせんちまき》」（一月、八月を除く通年販売、要予約）や、柏屋光貞《かしわやみつさだ》の「行者餅《ぎょうじゃもち》」（七月一六日のみ販売、要予約）が知られているが、予約なしでも買える三條若狭屋《さんじょうわかさや》の「祇園ちご餅」（通年販売）もおすすめしたい。

祇園ちご餅は、もともと山鉾巡行の先頭をいく長刀鉾に乗る「お稚児《ちご》さん」にふるまって

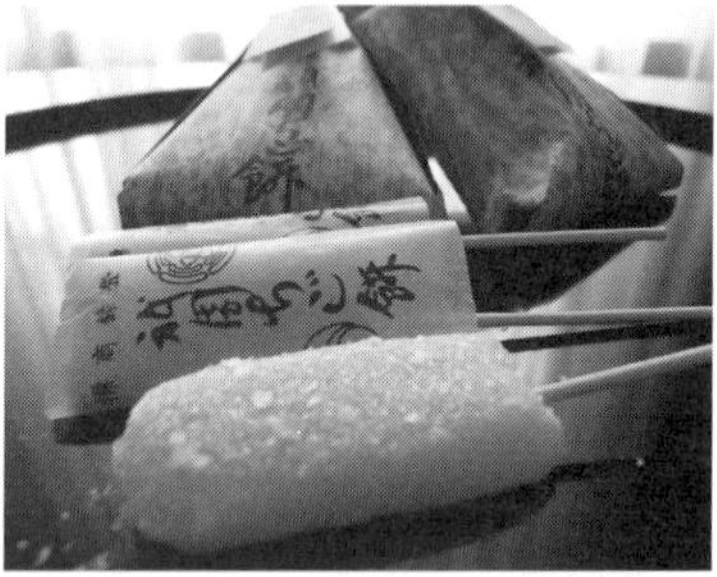

三條若狭屋の「祇園ちご餅」

いたお餅をアレンジして売り出したものだ。

甘く炊《た》いて香りのいい白みそを、求肥《ぎゅうひ》でそっと包んで、きらきら輝く粉雪のような氷餅《こおりもち》をまぶしている。無病息災の霊験《れいげん》あらたかな銘菓《めいか》である。

どろぼう

愛知県

ぬすびと。盗賊。また、盗みをすること。

（広辞苑）

『自転車泥棒』（一九四八年）、『おしゃれ泥棒』（一九六六年）、『赤ちゃん泥棒』（一九八七年）、『ルイスと未来泥棒』（二〇〇七年）などなど、映画の世界ではさまざまな「どろぼう」に出会うことができる。

文学の世界では、ミヒャエル・エンデの『モモ――時間どろぼうとぬすまれた時間を人間にかえしてくれた女の子のふしぎな物語』（一九七三年）が有名だ。

今回、その「どろぼう」の語源を訪ねる旅で、本物のどろぼうに遭遇してしまった。それも、ただのどろぼうではなかった。映画風にタイトルをつけるとしたら、ズバリ『どろぼう夫婦』だ。

にこにこ笑顔でとても感じのいい素敵などろぼう夫婦に出会った。

東京から新幹線で豊橋《とよはし》駅へ。名鉄名古屋本線に乗り換えて約二〇分、東岡崎《ひがしおかざき》駅に到着する。駅北口を出て、城の外堀にもなっている乙川《おとがわ》沿いを歩き、岡崎城公園のすぐ脇にある岡崎ニューグランドホテルにチェックイン。

七階西側の部屋からは、窓のすぐ向こうに岡崎城が見える。写真撮影には絶好のポジション。九階のスカイレストランも絶景岡崎城ビューだ。

岡崎ニューグランドホテルから撮影した
岡崎城天守閣

徳川家康銅像

岡崎は東海道三八番目の宿場町。と同時に、徳川家康生誕の地であり、天下統一の拠点ともなった岡崎城で知られている。

そう、何を隠そう「どろぼう」の語源は、徳川家康がらみなのだ。

公園を歩いて、今度は下から岡崎城の天守閣《てんしゅかく》を仰ぎ見る。そして、家康公の銅像にご挨拶。

遺訓《いくん》の碑があり、心に染みるこんな有名な一節が刻まれていた。

「人の一生は、重荷を負うて遠き道をゆくがごとし。急ぐべからず。不自由を常《つね》と思えば不足なし。こころに望みおこらば、困窮《こんきゅう》したる時を思い出すべし。堪忍《かんにん》は無事《ぶじ》長久《ちょうきゅう》のもと。怒りは敵と思え。勝つことばかり知りて、負くることを知らざれば、害、その身にいたる。おのれを責めて人を責むるな。及ばざるは、過ぎたるに、勝《まさ》れり」

碑文を読んで、思わずわが身を振り返る。

で、さっそく家康公の教えを実践しようと、急ぐべからず急ぐべからず、腹が減っては戦《いくさ》はできぬと唱えながら、天守閣の裏にある懐石料理の老舗《しにせ》「八千代《やちよ》本店」で、名物「木の芽田楽《でんがく》」をあつあつでいただく。

水切りしていない柔らかな木綿豆腐に特製の味噌ダレを塗り、備長炭でじっくり焼きあげていて美味。味噌はもちろん、城から西へ八丁《はっちょう》（約八七〇メートル）先にある八帖町《はっちょうちょう》（旧八丁村）の名産、全国的にも知られている八丁味噌を使用している。

そもそも今回、「どろぼう」の旅に出ることになったきっかけは『日国《にっこく》』だ。

正式名称は『日本国語大辞典』（小学館、第二版・全一三巻＋別冊）。

日本最大規模の国語辞典で、語源についても豊富な説明がある。語源ハンターの必需品ともいえる。がしかし、全巻セットでそろえるとかさばるし、それより何より価格が二〇万円以上もするので、なかなか購入できないでいた。

ところがありがたいことに、ウェブ版が誕生した。会員制で月額利用料一五七五円を払えば、日国の全データがインターネット上で検索・閲覧可能になる。字引好きの語源ハンターにとっては、まさに夢のような世界だ。

さて、そのウェブ版の日国で、ある日ふと「どろぼう」を検索してみたのがそもそもの旅のはじまりだ。

「どろぼう」の語源としてこれまでよく語られているのは、押し入ってモノを取る「押取《おしどり》坊《ぼう》」の略、あるいは「取り奪う」の音が転じて「どろぼう」になったといった語源説である。

ところが日国には、そうした説とあわせて、語源ハンターを旅へといざなうこんな一文が紹介されている。

「土呂坊《とろぼう》の義か。三河土呂《みかわ》の一向宗《いっこうしゅう》徒《と》が党を組んで叛《そむ》いたことによる」

「三河」とあるので、今の愛知県三河地方の話だ。「土呂坊」「三河土呂」とある「土呂」は、岡崎市にある旧《ふる》い町の名前。「土呂坊」の「坊」は、寺院、あるいは僧侶のこと。

つまり、日国によると「どろぼう」とは、岡崎の土呂という町にある寺院、あるいはそこにいるお坊さんのことになる。これは面白い。出典として、江戸時代の国語辞典『和訓《わくんの》栞《しおり》』や『俚言集覧《りげんしゅうらん》』を挙げている。

それにしても、盗人《ぬすっと》を意味する「どろぼう」と、寺や僧侶がどうして結びつくのだろうか。

謎を解く鍵は、解説文の後半にある「三河土呂の一向宗徒が党を組んで叛いたことによる」という部分にありそうだ。

「一向宗徒が党を組んで叛いた」というのは「一向一揆《いっき》」のことで間違いない。

一向一揆とは、戦国時代、浄土真宗《じょうどしんしゅう》（一向宗）本願寺派の信徒を中心とする武装勢力が、各地で守護大名《しゅごだいみょう》の専制政治をゆるがした闘争だ。実に一〇〇年にもわたって抗争がくり広げられた北陸の加賀《かが》一向一揆がもっともよく知られている。加賀は織田信長が制した。

そしてもう一つ有名な一向一揆が、徳川家康のお膝元《ひざもと》で起きた三河一向一揆だ。永禄《えいろく》六（一五六三）年からその翌年まで半年間の戦いとなった三河一向一揆は、当時まだ二五歳で松平《まつだいら》姓だった家康が制圧した。この危機を乗り越えたことが、のちに家康の天下統一につながっていくことになる。そのくらい、日本の歴史のうえで重要な事件だ。

話を元に戻すと、「どろぼう」という言葉が、この三河の一向一揆に由来するという。

いったい何があったのか？

その謎に迫るため、「土呂坊」を探し訪ねる旅に出る。

岡崎城から南へ約五キロ、「土呂」（現在の福岡町《ふくおかちょう》）を、とろとろ歩く。

首からカメラをぶら下げ、いかにもよそものふうの旅人を見て、すれちがう地元の人が口々に、

「蓮如《れんにょ》さんに来たのかい？」

と声をかけてくる。

たまたま訪れたこの日が蓮如忌《き》（毎年四月末）だった。

「南無阿弥陀仏《なむあみだぶつ》」とひたすら念仏を唱えれば、誰でも極楽往生できるという浄土真宗を、驚くべき短期間で日本中に爆発的に普及させた蓮如上人《しょうにん》（一四一五～九九年）を偲《しの》ぶ祭りだ。蓮如さんを祀《まつ》るお堂に人が集まり念仏を唱える。

町の中心は歩行者天国となり、酒屋が地元ブランド「純米吟醸　土呂の里」をふるまうなど、商店街が露店を出してにぎわっていた。

「蓮如さん、蓮如さん」と皆が親しげに呼び、今も三河の人たちの生活に浄土真宗が根付いていることがうかがい知れる。

さて、そんな土呂の町の小高い丘の上に、土呂八幡宮《はちまんぐう》がある。

ここで語源ハンティングの大きな収穫があった。

国の重要文化財でもある土呂八幡宮の一角に、「土呂御坊跡《ごぼうあと》」と記された標識を発見した。

「どろぼう」発祥の地、「土呂御坊」（土呂八幡宮）

ここだここだ！

ここが、「どろぼう」発祥の地、「土呂坊」だ！

応仁《おうにん》二（一四六八）年、浄土真宗中興《ちゅうこう》の祖《そ》といわれた天才的宗教家、蓮如上人が、この地に本願寺系列の「本《ほん》宗寺《しゅうじ》」を建てて信仰の拠点とした。

まだ豊臣秀吉や織田信長、徳川家康らが登場する一〇〇年ほど前の話。

戦乱の世の中、戦のたびに略奪がくり返され、女子供は連れ去られ、貧しく救いのない人々は、念仏を唱えることで極楽浄土にいけるというわかりやすい教えにすがった。

三河の武士も商人も農民も、競《きそ》って宗徒となった。

家康の代の家臣たちも例外ではなかった。

当時、浄土真宗本願寺派の寺院は、「守護不《ふ》入《にゅう》」といって、年貢《ねんぐ》も諸役《しょやく》も免除。たとえ殿様といえども勝手に寺の敷地に立ち入ってはならないという治外法権的な特権を持ち、人々の信仰と支持を集めて一大勢力を誇った。

三河では、その中心が、「土呂坊」こと「元祖どろぼう」の本宗寺だった。

がしかし、寺院のそうした特権や人々の熱狂的な支持は、天下統一をめざす家康にとっては、まず最初に排除しなければならない障害でしかなかった。

そこで激しい衝突が起きることになる。

広辞苑は「三河国一向一揆」についてこう説明している。

「三河の本願寺門徒が一五六三年（永禄《えいろく》六）蜂起《ほうき》し、松平（徳川）家康と戦った一揆。佐々木上宮寺《じょうぐうじ》・土呂本宗寺・針崎《はりさき》勝鬘寺《しょうまんじ》・野寺本証寺《のでらほんしょうじ》を中心に勢力強く、家康を悩ましたが、翌年鎮圧された」（著者注——広辞苑には「本証寺」とあるが、正しくは「本證寺《ほんしょうじ》」）

元祖どろぼう、土呂の本宗寺を筆頭に、三河三カ寺《さんがじ》（上宮寺、勝鬘寺、本證寺）が中心となって家康に武力で対抗した。

蓮如さんの影響で特に信心深い三河では、家康の家臣たちも多くが宗徒だったので、肉親や主従が敵味方にわかれて戦うことになった。

結局、家康が一揆を鎮圧した。

そして家康は、寺という寺を徹底的に破壊した。

元祖どろぼう、土呂の本宗寺も消えた。

勝鬘寺（左）と上宮寺（右）

今回、家康に打ち壊され、のちに再建された三河三カ寺をまわって歩いた。

本證寺は、寺院のまわりを城壁と外堀が取り囲む、いわゆる城郭《じょうかく》寺院の遺構《いこう》が残されていて、まるで城のようだ。

勝鬘寺は、ＪＲ岡崎駅の近くにある。

上宮寺は、三河の一向一揆が勃発する直接のきっかけとなった事件が起きた寺だ。

家康の家臣が、勝手に寺の敷地に入ってはいけないという守護不入を侵《おか》して、上宮寺の蔵を襲い、米穀《べいこく》を奪い取る事件があった。これで一揆が一気に加速した。

寺の側からしてみれば、家康のほうこそよっぽど、どろぼうだ。

だが、歴史は常に勝者の側から語られる。

人々に熱狂的に支持された浄土真宗の寺院と僧侶が、結局勝者となった家康側から、謀叛《むほん》を起こして略奪をくり返した「どろぼ

本宗寺（左）と本證寺（右）

う」呼ばわりされ、後世に不名誉な名を残すことになってしまった。

「それは知りませんでしたな。国語辞典にそんなふうに出ているんですか、面白いですね」

元祖どろぼうこと、土呂本宗寺の現住職は、そういった。

家康に徹底的に破壊された三河一向一揆の総本山、元祖どろぼうこと土呂の本宗寺も、後年、もともとあった土呂の土地を離れることを条件に再建が許された。

今の地に復興したのは、一揆から実に半世紀近くもたった慶《けい》長《ちょう》六（一六〇一）年のことだ。

現在地は、名鉄名古屋本線の美合《みあい》駅から徒歩五分。

正式名称は、浄土真宗本願寺派土《と》呂《ろ》殿《でん》本宗寺。

その名前を見ればわかるように、場所は変わっても、土呂の人たちに愛され支持された土呂の坊、どろぼうであることの誇りは忘れていない。

住職夫婦の姓「都路」にはびっくり

樹齢四〇〇年の松が青々と枝を伸ばす気持ちのいい静謐《せいひつ》な境内《けいだい》。不謹慎にも「どろぼう」の語源を訪ねてやってきたというのに、住職と坊守《ぼうもり》（浄土真宗で僧の妻）は、やさしい笑顔で迎えてくれた。

名刺を交換して驚いた。

本名、都路《とろ》照信《しょうしん》。

なんと、元祖どろぼう、土呂本宗寺のお坊さんは、その名も「とろ」さんだった。

かつて「土呂」は、漢字で「都路」とも書いたという。

これぞまさに、とろぼう、「どろぼう」である。

ちなみに夫妻に子供は三人。長男は寺で住職見習い。長女は阪大、京大大学院などで宗教哲学を専攻、仏教研究家として各地で講演もしている。次女はハワイの寺に嫁《とつ》いで坊守となり夫を助けている。

なんとも立派な、どろぼう一家である。

ところで「どろぼう」といえば、岡崎城から八丁の距離にある、六七〇年つづく元祖「まるや八丁味噌」に、豊臣秀吉がまだ日吉丸《ひよしまる》と呼ばれていた当時のエピソードが伝わっている。味噌の香りに誘われてまるやに泥棒に入った日吉丸が、井戸に石を投げ込み、自分が落ちたと思わせて、そのすきに逃げたという伝説だ。

若いころヨーロッパでヒッピーのような生活をしていたというユニークな経歴を持つ浅井

（上）「まるや八丁味噌」の味噌蔵
（下）豊臣秀吉のどろぼう伝説が伝わる井戸の前に立つ、「まるや八丁味噌」社長・浅井信太郎さん

八丁味噌をたっぷり塗った八千代本店名物「木の芽田楽」。お店は岡崎城天守閣のすぐ裏にある

信太郎社長が、

「伝統を守りながら、さらに本物の味噌づくりに挑戦したい。スーパーで安売りされる大量生産品を造るために規模を拡大するより、オーガニックな手づくり味噌にもう一度立ち戻りたい！」

という熱い思いと共に、戦国時代の「どろぼう伝説」を語ってくれた。

関《せき》の山《やま》

三重県

なし得る限度。精いっぱい。

（広辞苑）

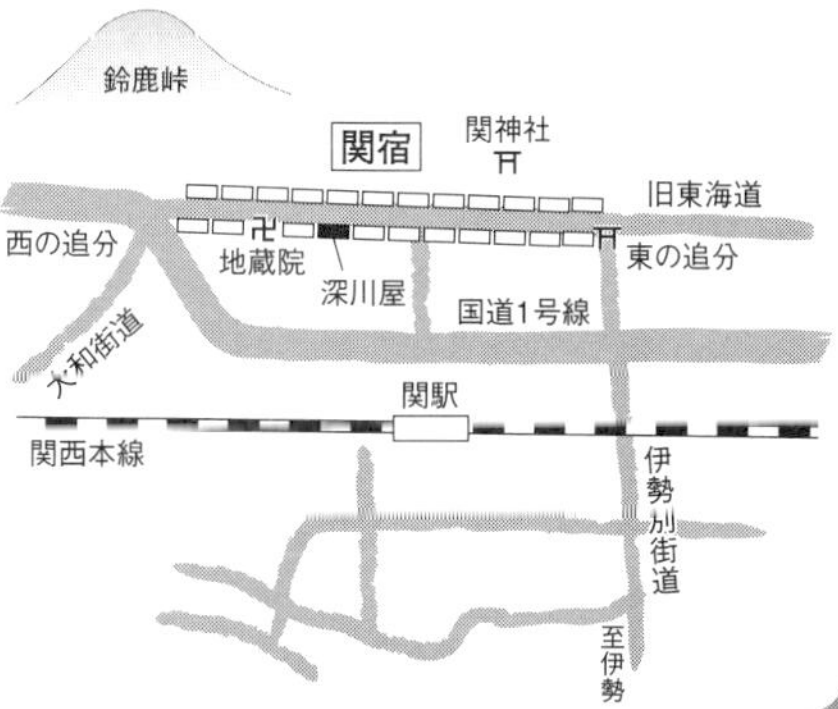

どこかにそんな山があるなら、ぜひ一度登ってみたい「関の山」。

せいぜいこの程度かと思える山なのか、どれほどの山なのか確かめてみたい。

ところが「関の山」は、「山」は「山」でも、いわゆる「山」ではなかった。


東京から新幹線で名古屋までいき、関西本線に乗り継いで、シャープの液晶工場で有名な亀山《かめやま》駅でワンマン運転のディーゼル列車に乗り換える。そして一駅。関《せき》駅にたどりつく。

ここは、東海道五十三次、江戸から数えて四十七番目の宿場町、関宿《せきじゅく》の最寄り駅だ。

今も年に一度、七月下旬の土日の二日間、関宿の夏祭りで、「関の山」を目撃することができると聞いてやってきた。

訪れたのは、翌日に祭りをひかえた金曜日。

夏草が香るのどかな田舎道。

駅前から北に向かってしばらくいくと、旧東海道と交差する。

四つ辻《つじ》に立ち、東西にのびる旧街道を眺めて驚いた。見わたすかぎり、江戸明治の面影《おもかげ》をそのままに残す古い家並みが延々とつづいている。距離にして約一・八キロ。

端から端まで歩いてみた。

壁や窓、屋根に意匠《いしょう》を凝《こ》らしたおもむきのある町家が二〇〇軒余り。格子窓《こうしまど》から中をのぞくと、桶屋《おけや》が鉋《かんな》をかけ、鍛冶屋《かじや》が槌《つち》をふるっている。町が生きている。

現在、旧東海道のほとんどの宿場は江戸の昔の姿をとどめていない。

そうしたなかにあって、奇跡的にただ一カ所、関宿だけは当時のままの町並みがそこにあり、国の重要伝統的建造物群保存地区（通称、重伝建《じゅうでんけん》）に指定されている。日本の道一〇〇選に選ばれているのも、ひとたび歩けば納得だ。

西向きに見た関宿。遠くに鈴鹿山脈が

西の追分《おいわけ》からは奈良へ通じる大和《やまと》街道が、東の追分からは伊勢《いせ》別《べつ》街道が分岐していて、江戸のころは参勤交代の大名行列や伊勢参りの旅人で大いににぎわった。大名行列は、城下町でもあるとなりの亀山宿を避け、関宿に泊まることが多かったようだ。

「関で泊まるなら鶴屋《つるや》か玉屋《たまや》、まだも泊まるなら会津屋《あいづや》か」と歌われるほど全国的にも有名な旅籠《はたご》が軒《のき》を連ね、宿泊施設だけで

歌川広重の浮世絵『東海道五十三次・関』（保永堂版）

本陣《ほんじん》二軒、脇《わき》本陣二軒、旅籠が四二軒もあった。

東の追分に立っている鳥居は、二〇年に一度、伊勢神宮の式年遷宮《しきねんせんぐう》の際に、古くなった鳥居を移築している。ここから伊勢神宮を拝むもよし、鳥居をくぐって伊勢参りにいくもよし。

西へいくと、箱根越えに次ぐ東海道の難所として知られていた鈴鹿《すずか》峠だ。

江戸よりはるか古代、「鈴鹿関《すずかのせき》」が置かれていた交通の要衝《ようしょう》でもあり、これが「関」という地名の由来となっている。

さて、そんな関宿で生まれた「関の山」の語源について、これまでの通説はこうだ。

「精いっぱい。三重県関町のヤマ（山車、だし）が、たいへんりっぱなので、それ以上のぜいたくはできないといわれたことから。それ以上はできない限度をいうようになった」（『語

「セキは三重県関町、ヤマは関東でいうダシ（山車）の意。関町の八坂《やさか》神社の祭礼祇園会《ぎおんえ》に出るヤマが大変立派なので、それ以上のぜいたくはできないといわれたことから」（『日本語源大辞典』東京堂出版）

源大辞典』小学館）

そう、「関の山」の「山」とは、「ヤマ（山車）」のことだった。

祭りで曳《ひ》く装飾を施された屋台を、関東では「だし」というが、関西では「やま」という。

だがちょっと待った。よく読むと、いささか腑《ふ》に落ちない点がある。

「大変立派でそれ以上のぜいたくはできない」というほど究極の山車《だし》が出るということだが、現地にいって確かめるまでもなく、これはちがうのではないか。

山車といえば、「あとの祭り」（107ページ〜）の語源ハンティングでも訪れているが、日本三大祭りの一つ、京都祇園祭《ぎおんまつり》の山鉾巡行《やまぼこじゅんこう》が有名だ。コンチキチとお囃子《はやし》が打ち鳴らされるなか、文字どおり「それ以上のぜいたくはできない」と表現するにふさわしい豪華絢爛《けんらん》な山鉾三二基《き》が、洛中《らくちゅう》を練り歩く。まさに動く美術館といえる。

そんな祇園祭の日本一の山車をさしおいて、「それ以上のぜいたくはできない」と軽々といえるほど、関の山車が「大変立派」で最大級のものだとは、にわかには信じられない。

それともう一つ大きな謎がある。「関町の八坂神社の祭礼祇園会に出るヤマが大変立派なので……」とあるが、事前に地図や資料を取り寄せて隅から隅までくまなく探したが、関町に「八坂神社」は存在しない。

さてこれはいったいどういうことだろうか?

そんな疑問を抱きつつ、旧東海道関宿を訪ねていた。

夕刻、空がにわかにかき曇り、雨が落ちてきた。

翌日の土曜日も、雨、雨、雨。

祭礼初日のこの日、神輿《みこし》も、山車も、はやばやと中止が決定した。日曜日も同じような天気なら、今年の夏祭りはとりやめだという。

しかしその雨のおかげで予定外の連泊となり、たっぷり時間ができた。

人通りの少ないなかを一日歩きまわっていると、「どこから来たの?」「雨宿りでもしていきなさい」と、そこかしこで声をかけられ、歓迎される。雨も悪くない。

「関まちなみ資料館」は江戸の町家を、そして「関宿旅籠玉屋歴史資料館」は旅籠を、江戸の当時のままに復元公開していて興味深い。

旧街道と境内《けいだい》が垣根もなくつながっている開放的な「地蔵院《じぞう》」は、国の重要文化財だ。創建は天平《てんぴょう》一三（七四一）年。「関の地蔵に振袖《ふりそで》着せて、奈良の大仏婿《むこ》に取ろ」と歌われたほど名高い大寺院で、本尊は我が国最古の地蔵菩薩《ぼさつ》。一休和尚《いっきゅうおしょう》が開眼《かいげん》したと伝えられている。町の人々は「関の地蔵さん」と親しみを込めて呼んでいる。

本当なら朝から祭りで忙しくにぎやかな一日のはずだが、雨のせいか時間がゆっくりと流れていく。じっくり腰を据《す》えて、寺の住職や古老に町の歴史を聞き、気が付くと自分も長いことこの界隈《かいわい》を知っているかのような錯覚さえしてくる。

雨にそぼぬれた旧街道が美しい。

そんななか、「まちなみ文化財室」関支所を訪ねて、大きな収穫があった。

誰よりも地元の歴史に詳しい亀山市教育委員会の亀山隆《たかし》さんに、「関の山」の語源通説に関する疑問をぶつけてみた。

関の山（山車）は、「大変立派でそれ以上のぜいたくはできない」ものなのだろうかと。

すると答えは明白だった。

「まず、関の山は大変立派で見応えはあります。でも、祇園祭より立派でそれ以上のぜいたくはできないほど最大級かというと、見ていただければわかりますが、さすがにそういうことはありません」

やはりそうだ。

つづいてもう一つの疑問、関の山（山車）は、「関町にある八坂神社の祭り」なのかという点についても、亀山さんはきっぱりこう答えた。

「今も昔も、関宿に八坂神社はありません。山車が出るのは関神社のお祭りで、関神社は熊《くま》野《の》権現《ごんげん》を祀《まつ》っている熊野社です。笛吹大明神《ふえふきだいみようじん》も合祀《ごうし》されていますが、京都の八坂神社や祇園会と関係があるという話は聞いたことがありませんし、そうした資料もありません。山車が出る夏祭りは少なくとも江戸元禄《げんろく》のころから伝わっていることがわかっていますが、当時から関神社のお祭りです」

となると、関宿生まれの言葉「関の山」の語源は、どのように説明すればいいのだろうか。するとと亀山さんが、辞典のたぐいとは異なる地元のこんな通説を教えてくれた。

「一つ有力な語源としてよくいわれていることがあります。関宿の街道筋には、道幅がかなり狭くなっているところがあるんです。そこを両脇の家の軒先《のきさき》をかすめて山車が練り歩くことになるのですから、どんなに資金があって、立派な山車を競って作ろうと思っても、いちばん狭いところの道幅以上に大きな山車を作ることはできません。そうしたことから、関の山車は、どんなに頑張ってもせいぜい道幅が精いっぱいの限度だ、頑張っても関の山だ、という言葉になっていったのではないでしょうか」

なるほど、道幅という関宿固有の物理的な制限があった、というわけだ。これは地元でなければわからない。

さらに加えてもう一つ、こんな説も紹介してくれた。それは、山車の「数」の問題だった。現在、関宿にある山車は全部で四基。約二〇軒が共同で一基を維持している。江戸の最盛期、文化《ぶんか》年間（一八〇四～一八年）には一六基あった。関宿は東西約一・八キロある。つまり単純計算すると、町内一〇〇メートルに一基の山車があったことになる。

祭りの前に「山車倉」で山車が飾りつけられる

年に一度の祭り以外、ふだん、山車をしまっておく大きな車庫、山車倉《だしぐら》も必要だし、スペース的にも財政的にも、さすがにもうこれ以上増やすことはむずかしい。

京都の祇園祭は三六基（現在は三二基）あるが、関宿ではどう頑張っても、そこまで増やすことはできない。せいぜい一六基が限度いっぱい、関の山だ。

という語源説である。

なるほど。辞典の説明には納得がいかなかったが、これなら合点《がてん》がいく。

「関の山」は、関宿の山車の「サイズ」と「数」の問題だった。

明けて日曜日は、前日までの雨が嘘のように晴れ上がって真夏日となった。

「ようさじゃ!」「えんやさじゃ!」

炎天下を若い衆が威勢のいいかけ声を出して、家々を門付《かどづ》けしながら、神輿をかつぐ。

夕闇迫るころ、木崎《こざき》、北裏《きたうら》、中町《なかまち》三番町、中町四番町の四基の山車が巡行を始める。

笛太鼓が祭り囃子を奏《かな》で、昼間の神輿と同じように「ようさじゃ、えんやさじゃ」というかけ声とともに綱が引かれる。

京都祇園祭の山鉾よりもワンサイズもツーサイズも小さいこぢんまりした山車だが、飾り付けられている横幕や後部の見送り幕は豪華で手が込んでいるし、関宿の狭い道幅ぎりぎりのジャストサイズで、意外と小ささを感じさせない。

子供や家族連れなど、祭りの見物客もどんどん山車を曳《ひ》くのに参加していき、観客として傍観するしかない祇園祭とちがって、とてもアットホームな雰囲気だ。

しだいにあたりが暗くなると、一基あたり六〇個は吊り下げられている提灯のろうそくに、ぽっと灯《ひ》がともる。

いちばんの見どころは、夜八時半、四基の山車がいっせいに行う「舞台回し」（屋台回し）だ。

これは衝撃的だった。

軒先をかすめるように通る関の山車

関の山車は、よその山車とは決定的にちがう非常にユニークな構造で設計されている。笛太鼓のお囃子が乗っている台車から上の部分が、グルグルグルッと回転するようになっていたのだ。

何のためにそんな特殊な構造になっているかというと、道幅が狭いため、山車をUターンさせることができないからだ。曳いたら曳いただけ、あとで同じ道を戻らなければいけない。道幅が広いならUターンすれば何の問題もないが、関宿ではそうはいかないのだ。

　そこで、台車から上の部分を一八〇度回転させて、前後を入れ替えることで、来た方向とは逆に曳いて戻ろうという仕組みというか知恵である。

　で、台車の向きを変える際に、せっかくだからショーとして派手に、人力で台車の上部をグルングルン回転させるパフォーマンスを見せてくれる。遊園地の回転系絶叫マシーンもびっくりだ。

幻想的な「舞台回し」は祭りのクライマックス

　山車に吊り下げられている六〇個の提灯も、今にも放り出されそうな勢いでグルングルン斜めになって回転する。
　激しいだけでなく、これが美しい。
　というのは、暗闇のなかで山車の提灯のあかりが残像を描いて光の芸術を生み出すのだ。
「関の山」は、あなどれない夜祭りである。

さて、その衝撃のシーンを目撃した瞬間、「関の山」の語源に関する新たな説がひらめいた。

それはこんな思いつきだ。

「道幅の狭い一本道をいってまた戻らなければならない関の山車は、けっしてどんなことをしても先をいく山車を追い越すことはできない。そこから、精いっぱい頑張ってもそれ以上はいけない、という限度をいうようになった」


歴史資料館になっている旅籠玉屋の向かいに、創業三八〇年、伝統の銘菓《めいか》「関の戸《せきのと》」で知られる老舗《しにせ》「深川屋《ふかわや》 陸奥大掾《むつだいじよう》」がある。

今も江戸のころのレシピに忠実に作られている関の戸は、こし餡《あん》を、薄くのばした求肥《ぎゆうひ》で包んで、阿波《あわ》の和三盆《わさんぼん》をまぶした上品な餅菓子だ。その姿は、鈴鹿の嶺《みね》に積もる白雪になぞらえている。

関の戸は、明治になるまで庶民の口にはおいそれとは入らず、京都の御所《ごしよ》や公家《くげ》の茶席、街道を行き来する諸大名がお得意さんの中心だった。皇后美智子様がお忍びで訪れたことで

創業380年「深川屋」当主・服部吉右衛門泰彦さん

上品な味わいの「関の戸」

も有名だ。

そんな深川屋の一三代目当主で、町並み保存のリーダー的存在でもある服部吉右衛門《きちえもん》泰彦《やすひこ》さんに、新たに思いついた「関の山」の語源説を聞いてもらった。

「関の山の語源は、関宿の山車は、どうやっても前を追い越せないからではないか」と。

鼻で笑われるのが関の山かと思ったが、

「なるほど、それは今までとはちがう視点で新しいですね。ひょっとするとそんなことだったりするのかもしれませんね」

と、一三代目はけっこう面白がってくれた。さすが老舗の主《あるじ》、ふところが深い。

うやむや

秋田県・山形県

あるかないか、はっきりしないこと。転じて、いいかげんなこと。曖昧なこと。

（広辞苑）

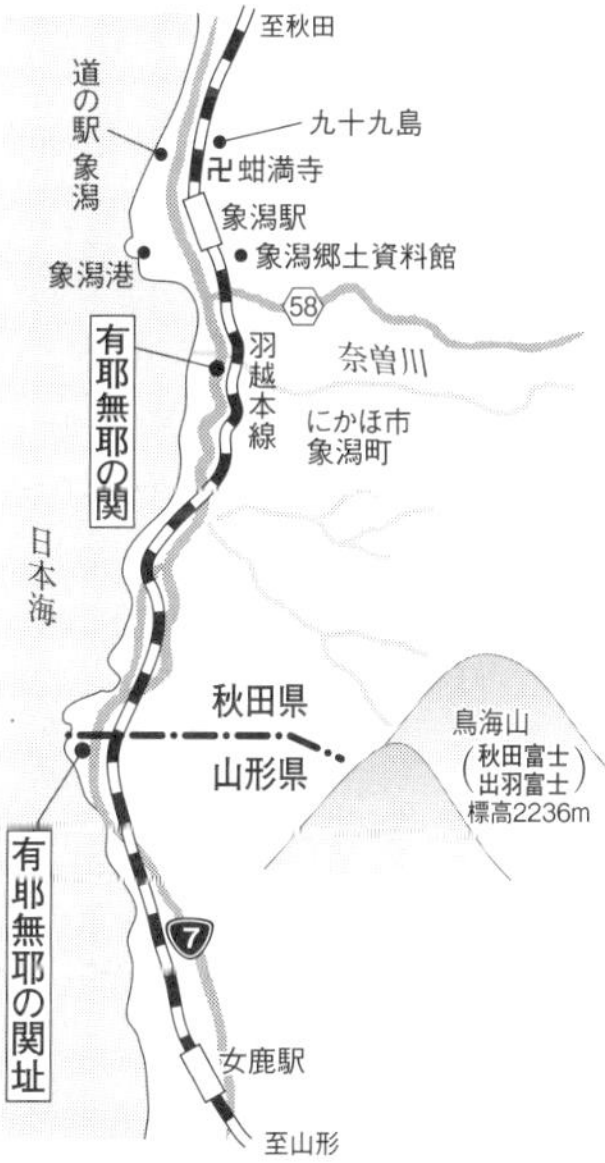

蚶満寺の付近、九十九島から鳥海山を望む

「うやむや」の語源を訪ねて、秋田の象潟《きさかた》に向かう。

象潟は江戸時代、松尾芭蕉《ばしょう》が『奥の細道』でめざした最北の地であり、当時、松島《まつしま》と並ぶ二大景勝地として知られていたところだ。


一二月。羽田から飛行機で山形の庄内《しょうない》空港まで飛び、リムジンバスでJR酒田《さかた》駅に出る。

左手に冬の日本海を眺めながら羽越《うえつ》本線でしばらくいくと、やがて前方に鳥海山《ちょうかいさん》が見えてくる。霊峰《れいほう》鳥海山は、秋田と山形の県境をまたいでそびえる標高二二三六メートルの活火山だ。

海岸線に裾野《すその》を広げるその美しい姿は、山形側では出羽《でわ》富士、秋田側では秋田富士と呼ばれ、古くから山岳信仰の対象となってきた。日本百名山、日本百景に数えられ、国定公園にも指定されている。

知られざる納棺師《のうかんし》の世界を描き、アカデミー賞でオスカーを獲得した映画『おくりびと』

(監督・滝田洋二郎、脚本・小山薫堂《くんどう》、主演・本木雅弘)が、存在感のある山を背景に美しい物語を展開していて印象的だったが、あれが鳥海山だ。

その鳥海山の裾野が海岸に流れ込むあたりに、「うやむや」の生まれ故郷がある。

酒田から約二〇分。羽越本線の山形県最北端の駅、女鹿《めが》(遊佐町《ゆさまち》)で下車。

国道七号線を北上すると、山形から秋田へ入る県境の少し手前、道路脇左手に、「奥の細道三崎《みさき》峠」という標識を見つけることができる。

芭蕉も歩いた羽州浜《うしゅうはま》街道の旧道入り口だ。明治維新の戊辰《ぼしん》戦争で大激戦地となった所でもある。

国道７号線沿いの三崎峠の道標

この先に「うやむや」ゆかりの場所があると意気込んで旧道に足を踏み入れたが、油断していた。曲がりくねった道は足場が悪く、おまけに上り下りが急で、かなり息が切れる。

芭蕉や西行《さいぎょう》、近いところでは若き日の吉田松陰《しょういん》や正岡子規《まさおかしき》といった有名どころも、象潟をめざして

三崎山旧街道。むしろ登山に近い

この古道を歩いたそうだが、馬や駕籠《かご》の旅は絶対にムリ。江戸のころは、箱根の山よりも険《けわ》しい日本海側最大の難所として知られていたという。

途中、「駒《こま》泣かせ」「地獄谷」と名付けられた場所があることが、何よりもその厳しさを物語っている。

あたりは三崎山《みさきやま》と呼ばれ、標高はおよそ七〇メートル。鳥海山の溶岩が海に流れ込んでできた山で、その溶岩が荒波に浸食されて切り立った断崖になっている。海に突き出た三つの突端（大師崎《だいしざき》、不動崎《ふどうざき》、観音崎《かんのんざき》）があるので三崎山だ。庄内砂丘、日本海の孤島飛島《とびしま》、男鹿《おが》半島を眺めることができる。旧道はその三崎山を縦断している。

そもそもこの古道ができたのは、一二〇〇年以上も前のこと。最後の遣唐使であり、日光、平泉《ひらいずみ》、恐山《おそれざん》、山寺《やまでら》など、全国で数多くの寺を開山、再興した慈覚大師《じかくだいし》（円仁《えんにん》、七九四〜八六四年）が東北行脚《あんぎゃ》のとき、この地に道がないことを知り、地元の人たちの協力を得て切り開いた。

そうした歴史ある旧道が、今もそのままの姿で残されているのは奇跡に近い。

この三崎山の三崎峠に、「うやむや」の語源遺産「有耶無耶の関《うやむやのせき》」がある。

「うやむや」は、漢字で書くと「有耶無耶」だ。

「有《う》や（あるのか？）」、それとも「無《む》や（ないのか？）」。つまり、あるかないかを問うが、はっきりしない状態をいう。どちらでもないしどちらでもあるといった仏教の用語としても伝わっている。

そこから転じて、いいかげんなこと、曖昧《あいまい》なことを意味する言葉となった。責任の所在がうやむやになる、うやむやな態度、などと使われる。

問題はここからだ。

広辞苑には、その「うやむや」と並んで「うやむやのせき（有耶無耶関）」という地名が掲載されている。

「有耶無耶関」は、古くから歌枕《うたまくら》としても知られている場所だが、長いことその所在地があやふやでうやむやになっている。

今回歩いている秋田と山形の県境にある三崎峠にあった関だという説と、山形と宮城の県境にある笹谷《ささや》峠ではないかという説の二つがある。

語源ハンターとしては、きっぱり、三崎峠説をとりたい。

なぜなら羽州浜街道の三崎峠は、松島と並ぶ日本有数の景勝地であった象潟へ向かうためには、絶対に通らなければならないポイントだったわけで、実際、芭蕉をはじめとする多くの歴史的な有名人が旅人となって歩いた。そして、その旅人たちによって、「うやむや」という、語呂的にも面白い土地の名前が全国に広まっていったと推察する。

それだけではない。

三崎峠の「有耶無耶関」には、そこを通った旅人が、旅から帰って誰かに話をしないではいられない「うやむや伝説」が残されていたのだ。

伝説には、古道を切り開いた慈覚大師がからんでいる。

それはこんな話だ。


昔、鳥海山に「手長足長《てながあしなが》」という鬼がいた。

手長足長はその名の通り、手足が自由自在に伸びて、三崎峠をいく旅人を捕まえて喰《く》った。

そこに神の使いがあらわれた。不思議な三本足のカラスだ。

峠に手長足長がいると「ウヤウヤ」、いるよいるよと鳴き、いないときは「ムヤムヤ」、いないよいないよと鳴いて旅人に危険を知らせた。

旅人はそれを知ると、関を通る前に必ず、「ウヤ？（鬼はいるか？）」「ムヤ？（いないか？）」と用心してカラスに聞くようになった。

そうしたことから、人々はいつのころからか三崎峠のこの関を、ウヤムヤの関と呼ぶようになった。

だがしかし、「ウヤウヤ」と「ムヤムヤ」は音が似ている。

ウヤウヤなのか、ムヤムヤなのか聞き取れないこともしばしばあり、旅人は手長足長の恐怖から逃れることができないでいた。

ここで慈覚大師の登場だ。

当時、仏教を広めるために東北にやってきた大師は、人々が手長足長に苦しめられていることを知り、これを封じ込めようと百日の行《ぎょう》をおこなう。

そしてついに満願の日。

大地が揺れ、閃光《せんこう》が走り、鳥海山が噴火した。

その噴火によって、手長足長は粉々に砕け散った。

大師は、手長足長の散らばった骨を拾い集めて葬《ほうむ》り、五輪塔《ごりんとう》を立てて供養した。

手長足長を供養した五輪塔（左）と、慈覚大師創建といわれる大師堂（右）

以来、旅人は安心して峠を越すことができるようになった。

これが「うやむや伝説」のあらましだ。

手長足長とは、当時このあたりを支配していた蝦夷《えみし》一族をたとえた表現で、これを賊軍《ぞくぐん》として征伐しようとした中央政権が、敵方を「鬼」として語った伝説であるとの解釈もある。

潮騒《しおさい》を聴きながら旧道をいくと、やがてうっそうとした林のなかに、慈覚大師創建と伝えられる「大師堂《だいしどう》」が見えてくる。

そして、そのまわりに五輪塔がある。大師が手長足長とくり広げた壮絶なバトルの痕跡《こんせき》だ。

この地こそが、「うやむや」の語源遺産である。

と、ここまでの話で、いったんまとめるつもりだった。

だがしかし、その先に意外な展開が待っていた。

箱根の山より険しい三崎峠を抜けたあと、「奥の細道」最北の地、象潟まで足をのばした。

夏は岩ガキ、冬はハタハタやタラで知られる海の幸《さち》豊かな町だ。

慈覚大師創建の蚶満寺《かんまんじ》山門をくぐり、九十九島《くじゅうくしま》から鳥海山全景を眺め、漁港で網を手入れする漁師と語り、地元でも評判の道の駅「象潟 ねむの丘」でこの道五〇年というおばちゃんお手製のハタハタ寿司を仕入れて、さあ、ひと仕事終えたぞと思ったその矢先のこと。

道の駅で見つけたハタハタ寿司

象潟郷土資料館で、学芸員の齋藤《さいとう》一樹《かずき》さんから驚きの情報を入手した。

有耶無耶の関がある三崎峠と象潟の町の中間地点に、「字《あざ》ウヤムヤの関」という地名の集落があるというのだ。正確には、「秋田県にかほ市象潟町関《せき》字ウヤムヤの関」だ。

「有耶無耶関」があったのはここではないかと地元ではいわれて

いるらしい。

そうと聞いて、ただちに現場へ直行した。

集落の入り口にある信号には「有耶無耶の関」とある。

青なのか赤なのかはっきりしないウヤムヤな信号はちょっと怖いが、この信号は特に問題なさそうだ。

以前、「あこぎ」（三重県津《つ》市阿漕《あこぎ》）を訪れたとき（67ページ〜）は、いかにもあこぎそうな「あこぎ金融」や「あこぎ不動産」を探したが、「ウヤムヤ」でも、そんな洒落《しゃれ》たところはないものかと少々期待しながら歩いた。

たとえば、「ウヤムヤ警察」があったら事件をうやむやに揉《も》み消されてしまうかもしれないと心配だし、「ウヤムヤ裁判所」には安心して裁判を任せることができない。「〇×銀行ウヤムヤ支店」に預金をしても残高をうやむやにされそうだ。とかそんなネタだ。

ところがウヤムヤは、どの家の軒先《のきさき》にも干し柿が吊してある、のどかで平和な小さな集落だった。どうやら警察も裁判所も必要はなさそうだ。

防風林の向こうは関海岸。北側には、鳥海山から海にそそぐ奈曽川《なそがわ》が流れていて、河口に鮭の孵化《ふか》場がある。

人通りはほとんどない。

見かけた何人かにウヤムヤの地名の由来を聞いてみた。

すると皆、「そんな話を聞くためにここまで来たのか」と驚くと同時に、「よくぞ聞いてくれた」といったうれしそうな表情をして、手長足長の伝説を語ってくれる。

集落の南端に、以前は子供たちのはしゃぐ声でにぎやかだったろう、廃校になった小学校がぽつんとあった。

誰もいない広々とした校庭に、無数のカラスが羽を休めている。

カラスを見て思った。ひょっとしてウヤムヤ伝説に登場する三本足のカラスがここにいたりはしないかと。あるいはその血を引く末裔《まつえい》が。

峠を行く旅人を守ったカラスはどこに……。

鬼がいたら「ウヤ」と鳴いておくれ。それとも「ムヤ」か……。

息をひそめてそっと近づいてみた。

するとたちまち勘付かれ、カラスの群れが「カァー」と鳴いて、いっせいに鳥海山へ向かって飛び立っていった。

土地土地に物語がある。

あいづちを打つ

京都府

相手の言葉に同意のしるしを表してうなずく。相手の話に調子を合わせる。

（広辞苑）

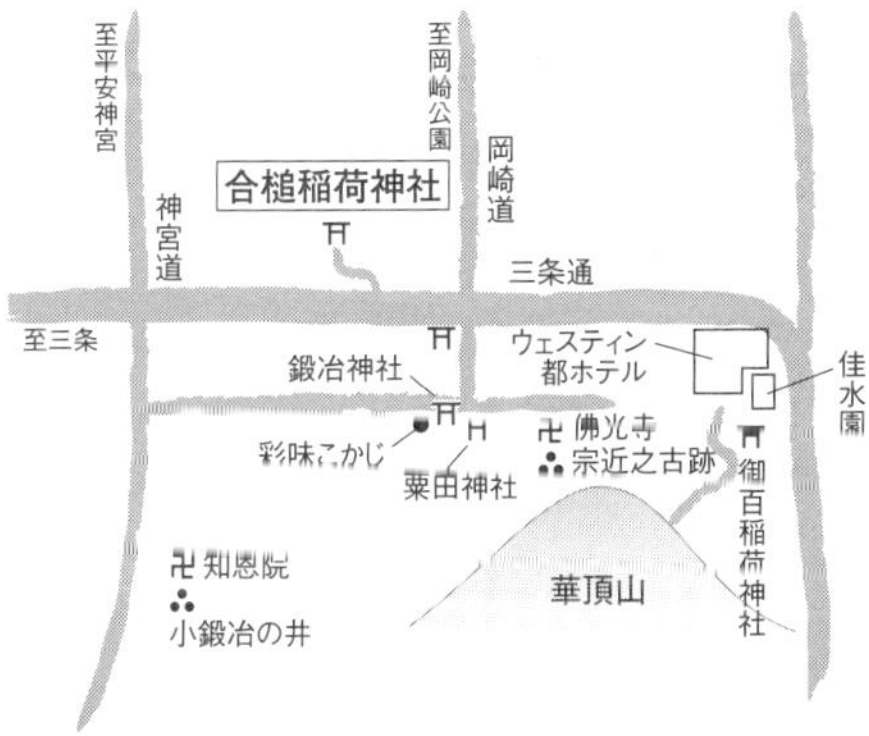

あいづちを打つにもテクニックがいる。

相手の話を気持ちよく巧《たく》みに引きだすことができる聞き上手な人は、よく観察すると、あいづち上手、うなずき上手だったりする。

ある研究データによると、あいづちは、相手のことばが途切れた瞬間から〇・三秒以内に打つことが望ましいとされる。コンマ一秒遅れて〇・四秒以上になると、なんとも間が悪いヤツ、ということになりかねないというのだ。

ことほどさように、あいづちはむずかしい。


「あいづちを打つ」の語源を訪ねる旅は、ある人物を訪ねる旅でもある。

その人物の名は、三条《さんじょう》小《こ》鍛冶《かじ》宗近《むねちか》。

平安時代に京の都で活躍した伝説の刀匠《とうしょう》だ。

京都・東山《ひがしやま》にあるウェスティン都《みやこ》ホテルの別館、佳水園《かすいえん》に宿をとった。

ホテル東館のメインロビーでチェックインして、エレベーターで七階へ。そこから廊下伝《づた》いにいくと、いったん外に出る。すると、目の前に突如として数寄屋《すきや》風の日本旅館が忽然《こつぜん》と姿をあらわす。豊臣秀吉がみずから設計した伏見《ふしみ》・醍醐寺三宝院《だいごじさんぽういん》の庭を模して造ったという日本庭園が美しい。専属コンシェルジュの女将《おかみ》がいる静かなたたずまいの旅館である。なぜホテルの七階から離れの日本旅館につながっているのか、あとになってようやく理解した。ホテルそのものが山の急斜面に建っていたのだ。西洋から東洋へ。現在から過去へ。この佳水園は、語源ハンティングの入り口としては、かなりふさわしい装置かもしれない。

さて、いきなり泊まりの宿について長々と説明したのにはわけがある。

今回の目的地に徒歩圏内という、ただそれだけの理由で選んだ宿だったのだが、実は現地取材の過程で、佳水園の裏手の山に、これまで知られていなかった「あいづちを打つ」にゆかりの重要な語源遺産があることが判明したのだ。

真っ赤な鳥居が連なる「あいづち稲荷」参道

神様のいたずらか、正直驚いている。

そこはまたのちほど訪れるとして、まずは「あいづち稲荷《いなり》」から参ろう。

ホテルの目の前を東西に走る旧東海道、三《さん》条《じょうどおり》通を西へ二〇〇メートルはどいくと、右手に、赤い鳥居が幾重にも並んだ細い路地に出くわす。

合槌稲荷神社を、大正8年創業の精肉店「荒井亭」のご主人に案内していただいた

「合槌稲荷《あいづちいなり》大明神参道《だいみょうじんさんどう》」とあるので、連なる鳥居をくぐっていくと、民家に突き当たり、行き止まりだ。おや、これはどうしたことだろうと、いったん引き返す。

参道入り口のすぐ脇に、荒井亭と看板のある精肉店があったので、お稲荷さんはどこかと尋ねると、ご主人の荒井良雄さんが、ランチ用にコロッケを揚げていたその手を休めて、親切にも案内してくれることに。

あとにつづくと、行き止まりだと勘違いした先ほどの参道の突き当たりから、左に折れる細い路地があった。額《ひたい》を寄せ合うように建っている数軒の民家の軒先《のきさき》をすりぬけていく。

するとやがて、民家と民家の間にぽっかりあいたスペースがあり、そこに小さな祠《ほこら》が。

「三条小鍛冶宗近という刀匠はご存じでしょうな。その宗近の相槌《あいづち》を打ったお稲荷さんを祀《まつ》っているんですよ」と荒井さん。

もちろん知っている。三条小鍛冶宗近については、能の『小鍛冶』を鑑賞して予習済みだ。

矢来《やらい》能楽堂（東京・新宿区）で、金春円満井会《こんぱるえんまんいかい》の定例公演を観た。

それはこんな話である。


平安時代、京の都の玄関口、三条粟田口《あわたぐち》に、評判の刀鍛冶、宗近がいた。

あるとき一条《いちじょう》天皇（在位九八六〜一〇一一年）の使者から、ヤマトタケルの草薙《くさなぎ》の剣《つるぎ》にも匹敵する天下守護の剣を作ってくれと頼まれたが、あいにく相槌を打つ者がいなかった。

「私に勝《まさ》るとも劣らない相槌がいないと立派な剣を打つことはできない」

と宗近はいったんは断る。

がしかし結局、天皇の勅命《ちょくめい》とあって、引き受けざるをえない。

宗近は弱った。相槌を打てる者は、そうそう簡単に見つかるものではない。


ここで、「相槌」について改めて説明しておこう。

「相槌」とは、刀鍛冶が槌《つち》（ハンマー）を振るって真っ赤に焼けた鉄を鍛《きた》えるとき、向かい合った弟子が交互に槌を振り下ろすこと。師と弟子がリズミカルにトンテンカン、トンテンカンと相槌を打ってはじめて良い仕事ができる。

これが転じて、相手の言葉にタイミングよくうなずいたり、あるいは巧みに調子を合わせることを、「あいづちを打つ」というようになった。

ついでにいうと、逆に相槌の呼吸が合わないと、トンテンカンではなく、トンチンカンなことになってしまう。「何をトンチンカンなことをやってるんだ！」などというときのあの「トンチンカン」だ。「チン」は、狙ったとおり槌を打ち下ろせず、芯《しん》をハズしてしまったときに出る突拍子もない金属音を表現している。

そう、「トンチンカン」もまた、元はといえば鍛冶用語なのだ。


さて、話は戻って、天下守護の剣の製作を頼まれた宗近だが、相槌を打つアシスタントのあてはなく、弱りに弱って困り果てた。

そこで、ふだんから信仰しているお稲荷さんに御百度《おひやくど》参りをして、願《がん》を掛けることに。困ったときの神頼みだ。

すると、どうだろう、満願に近いある日、槌を手にした童子《どうじ》があらわれ、宗近にあわせてみごとな相槌を打ち、ついには立派な剣を完成させることができたのだ。

童子のリクエストで、宗近の名刀は「小狐丸《こぎつねまる》」と名付けられ、剣の表には「小鍛冶宗近」

と。そして裏には「小狐」と刻まれた。名刀の誕生だ。

そう、突然あらわれて見事な相槌を打った童子の正体は、お稲荷さんの化身《けしん》、キツネにほかならない。

能舞台では、相槌役のシテ方《かた》が、白いキツネの冠《かんむり》をつけて登場する。

この三条小鍛冶宗近と小狐のエピソードは以来千年、さまざまな形で語り継がれ、本来、鍛冶の専門用語だった「あいづちを打つ」という言葉が、広く一般に浸透した。

金春円満井会による能『小鍛冶』（上）と、長刀鉾の破風に飾られている宗近の彫刻（下）

ちなみに日本三大祭りの一つ、祇園《ぎおん》祭《まつり》で、山鉾巡行《やまぼこじゅんこう》の先頭をいく長刀鉾《なぎなたぼこ》のシンボル、地上二五メートルもの高みにそびえる鉾頭《ほこがしら》の長刀は、もともとは宗近が娘の疫病治癒を感謝して祇園社に奉納したものだという。

別の機会に「あとの祭り」の語源ハンティングで祇園祭を訪れたとき（107

ページ〜）、その長刀鉾の屋根の下の装飾板、破風《はふ》をのぞいてみたら、宗近が神剣を作る姿が彫刻となって飾られていた。

今も京都のそこかしこに宗近がいる。


さて、三条通をはさんで、合槌稲荷参道のほぼ向かいに、粟田神社の一の鳥居が見える。

粟田神社は一条天皇の時代に始まったと伝えられ、毎年一〇月に開催される剣鉾《けんぼこ》が巡行する粟田祭は、祇園祭の原型といわれている。

京都の東口にあたる粟田口に位置しているため、かつては東海道、東山道《とうさんどう》を行き来する旅人が安全を祈願し、また道中の無事を感謝する社《やしろ》として知られていたが、その歴史のわりに今はひっそりと静かだ。

住所は、粟田口鍛冶町。

二の鳥居をくぐり、急な階段を上ってたどりつく境内《けいだい》からは、比叡山《ひえいざん》や愛宕山《あたごやま》まで北山《きたやま》を一望でき、隠れた絶景ポイントだ。

社務所には剣鉾の形をした珍しい絵馬や、宝剣が納められたお守りがあり、宗近の仕事場だったとされる一角には小さな祠、鍛冶神社がある。

粟田神社の宮司《ぐうじ》、佐々貴顗《ささきさとし》さんに興味深い話を聞いた。

一条天皇の勅命を受けて宗近が願《がん》をかけたお稲荷さんは、これまで全国に四万ある稲荷神社の総本山伏見《ふしみ》稲荷とされてきたが、どうやら社伝ではそうではないらしい。

ウェスティン都ホテル別館、佳水園の脇から山道を登っていくと野鳥の森になっている華《か》頂山《ちょうざん》がある。そこに「御百《おひやく》稲荷神社」が建っている。その御百稲荷神社こそが、宗近が願を掛けたお稲荷さんだというのだ。おっと、ホテルに逆戻りだ。

とその前に腹ごしらえ。

粟田神社、二の鳥居の脇に、感じのいい小料理屋がひっそりとあった。店の名前は、割烹《かっぽう》「彩味《さいみ》こかじ」。小鍛冶宗近を訪ねて旅をしている今回の語源ハンティングにぴったりだ。

カウンターに陣取り、京野菜を使った野菜寿司の懐石コースを頼む。

女将と話をしてみると、場所柄か宗近についてやけに詳しい。

粟田神社のすぐとなりにある佛光寺《ぶっこうじ》には「三条小鍛冶宗近之古跡」という石碑が建っていてそこは宗近の家の跡であるとか、すぐ近くの知恩院《ちおんいん》には宗近が水を汲《く》んだ井戸がある、など教えてもらった。

取材や研究で訪れる人が置いていく資料や切り抜きがファイルされていて、「こかじ」は、ちょっとした三条小鍛冶宗近情報センターとなっていたのだ。

さあ、腹ごしらえをしたら、女将に教わった宗近住居跡の石碑や、知恩院の井戸を訪ね、その足で勝手知ったるウェスティン都ホテルへと舞い戻る。

粟田神社の宮司さんに聞いたとおり、離れの日本旅館、佳水園の脇に、宗近がお百度参りをした「御百稲荷神社」へつながる参道入り口があった。

佳水園脇の山道を登ると御百稲荷神社

佳水園の存在を知らなければ、なかなかその入り口にはたどり着けない。この宿をとったのは、偶然ではなく、ひょっとすると宗近に呼ばれたのかもしれない。

そんなことを考えながら、参道入り口に立てかけてあった杖をつきながら目的地をめざす。

石段の急坂がつづき、ちょっとした山登りだ。お稲荷さんまで距離は一九〇メートルと表示されていたが、その一〇倍は歩いた気にさせられる。

「三條小鍛冶宗近本店」で購入した包丁

野鳥のさえずりを聴きながら坂道をいくと、やがて山の中腹に目的の神社が見えてくる。

宗近が願を掛けたと伝えられている御百稲荷は、商売繁盛、無病息災などの御利益《ごりやく》があると、古くから近隣の人々の信仰の対象にもなっていたらしい。

緑の木立《こだち》のなかに、真っ赤な社が色鮮やかだ。

息が落ち着いたところで、お稲荷さんに手を合わせる。宗近がそうしたように。

それにしても、名匠宗近といえども、相槌なくして一人で刀を打つことはできず、いざというときは神様仏様お稲荷様と、人知を越えた力にすがった。

何ごとも一人ではできない。自分の力を過信してはいけない。

名人宗近にそう教えられた。

さて、「あいづちを打つ」の語源遺産は、京都以外でも見つけることができる。

まず、奈良の若草山《わかくさやま》に「三條《さんじょう》小鍛冶宗近本店」がある。

宗近の直系が、興福寺《こうふくじ》や東大寺《とうだいじ》のリクエストに応えて奈良

鎌倉「正宗工芸」。24代目（左）と相槌を打つ弟子

に移り、主に僧兵の刀剣や武器類を作ったのが始まりと伝えられている。

明治の廃刀令《はいとうれい》以降は、キレのいい料理用の刃物で高い評価を受けている。

表札を見て、当主の苗字が「小鍛冶」と知って驚いた。

また、神奈川の鎌倉にも「あいづちを打つ」の語源遺産がある。

ＪＲ横須賀線鎌倉駅から徒歩三分。

京都三条粟田口の流れを代々受け継ぎ、江戸の頃は徳川の御用《ごよう》鍛冶もつとめた「正宗《まさむね》工芸美術製作所」では、今も名匠が日本刀を打っている。

「炭切り三年、相槌五年といって、望むところに槌を振り下ろすことができるようになるのに最低五年はかかりますよ。そこまで辛抱できる若いのもいなくなってね」

と、二四代目の山村綱廣《つなひろ》さんが、相槌のむずかしさを語ってくれた。

ちなみに、宮崎駿《はやお》の名作アニメ『もののけ姫』に刀鍛冶のシーンが登場するが、そこで使われている効果音は、正宗工芸で録音された。

今回、奈良と鎌倉でそれぞれ手頃な値段の包丁を買い求めた。我が家の台所で料理をしながら、宗近の時代に思いをはせるのも、また楽しい。

包丁のほかに、美味しい「あいづち」みやげもある。

創業明和《めいわ》年間（一七六四〜七二年）、江戸時代に東海道大津《おおつ》名物として知られ、歌川広重《うたがわひろしげ》の『東海道五十三次』にも描かれた「走井餅《はしりいもち》」がそれだ。

京都三条粟田口から逢坂《おうさか》の関を越えた大津追分《おいわけ》に、宗近が使った万葉から伝わる「走井」という名水が湧《わ》く井戸があり、その井戸水でついた餅で作ったのがはじまり。

北海道産大納言《だいなごん》に最高級の鬼ザラ糖を加えて炊《た》いたこし餡《あん》を、餅の女王と呼ばれる滋賀産羽二重《はぶたえ》餅でくるみ、刀の荒身《あらみ》をかたどっている。

現在、日本三大八幡宮《はちまんぐう》の一つ、石清水《いわしみず》八幡宮（京都府八幡市）の鳥居前で、「走井餅老舗《ろうほ》」がその味と暖簾《のれん》を守っている。

「走井餅老舗」の名物「走井餅」

もとのもくあみ

奈良県

いったん良い状態になったものが、再びもとのつまらないさまにかえること。苦心や努力も水泡に帰して、もとの状態にもどってしまうこと。

（広辞苑）

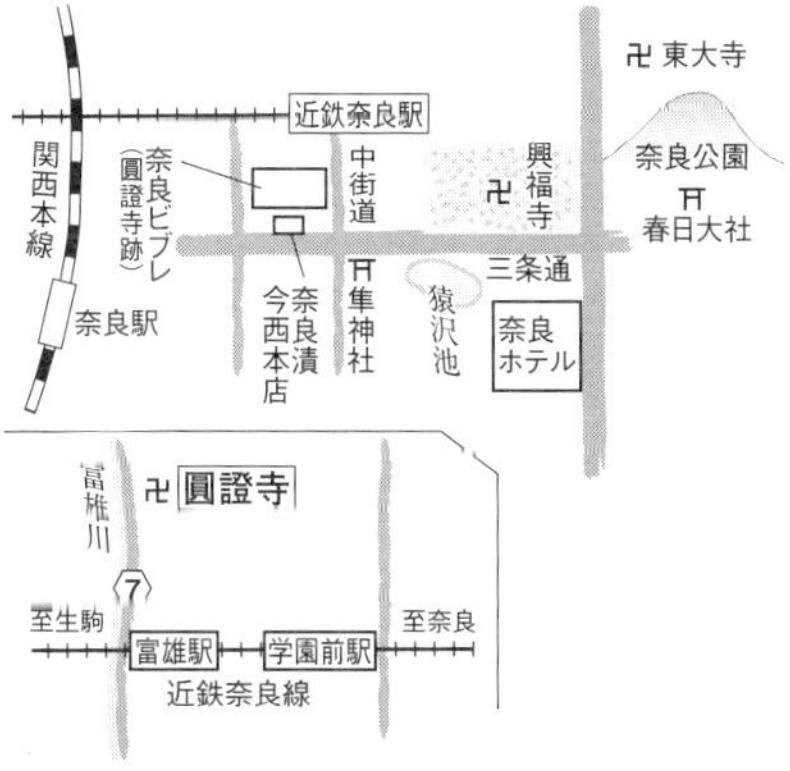

元《もと》の木阿弥《もくあみ》の「木阿弥」は人の名前だ。

それにしても、「せっかくうまくいっても、また元のダメダメな状態に戻ってしまう」といった意味の、あまりうれしくない不名誉な言葉「元の木阿弥」としてその名を残している木阿弥さんとは、いったいどこの何者で、何をしでかした人物なのだろう？

そんな疑問で始まった今回の語源ハンティングだが、これまでいわれていた通説とは、かなりニュアンスが異なることが発覚した。すべての国語辞典や語源ウンチク解説本が、「元の木阿弥」の項を書き換えなくてはならないかもしれない。

物語の舞台は、戦国時代の大和国《やまとのくに》。

今回の旅のベースキャンプには、関西の迎賓館《げいひんかん》、奈良ホテルを選んだ。

皇族方をはじめ、アインシュタインやリンドバーグ、ヘレン・ケラーやオードリー・ヘップバーン、ジョン・レノン、それに司馬遼太郎《しばりようたろう》といった、そうそうたる各界の著名人が宿泊した歴史と風格ある憧れのクラシカルなホテルで、二〇〇九年に創業一〇〇周年を迎える。若草山《わかくさやま》、東大寺《とうだいじ》大仏殿、興福寺《こうふくじ》五重塔などが一望でき、世界遺産の旅には最適だし、語源ハンティングの拠点にもうってつけだ。

ホテルを出て奈良公園の鹿とたわむれたのちに、古寺《こじ》巡礼の玄関口でもある近鉄奈良駅から急行で一〇分、学園前駅で下車。「元の木阿弥」の語源遺産、圓證寺《えんしょうじ》へと向かう。

圓證寺は、戦国時代、現在の奈良県にあたる大和国を統一した武将、筒井順昭《つついじゅんしょう》公の菩提《ぼだい》寺《じ》。室町末期創建の由緒あるこの寺は、元は近鉄奈良駅の駅前、林小路町《はやしこうじちょう》にあったが、昭和六〇（一九八五）年、いったん解体して生駒《いこま》市の現在地に移転した。

圓證寺本堂。左端に筒井順昭の供養塔「石造五輪塔」が見える

というのも、駅前再開発で騒音や振動が激しくなり、国の重要文化財（通称、重文《じゅうぶん》）でもある本堂の瓦《かわら》が落ちたり、本尊の仏像に影響が出てきたためだ。当時、重文のお引っ越しということでニュースにもなった。本堂の横に、これもまた重文の石造五輪塔《せきぞうごりんとう》があり、その下に順昭公の遺骨が納められている。

さて、木阿弥さんが何者であるかを知るために、戦国武将の菩提寺を訪ねたのにはもちろんわけがある。広辞苑で「元の木阿弥」を引くと、その語源としてこんな解説があった。

「戦国時代、筒井順昭が病死したとき、声の似ていた盲人木阿弥を順昭が病気で寝ているようにみせかけ、嗣子《しし》順慶《じゅんけい》が長《ちょう》ずるに及んで初めて順昭の死を公にし、木阿弥はもとの市人となったという故事から」と。

このことから「元の木阿弥」とは、「いったん良い状態になったものが、再びもとのつまらないさまにかえること。苦心や努力も水泡《すいほう》に帰して、もとの状態にもどってしまうこと」という意味の言葉になったという説だ。

木阿弥さん的には、せっかくひょんなことから、影武者として殿様生活を送ることになったのに、ある日また、元の貧乏生活に戻るなんてガッカリ……というニュアンスである。

これは広辞苑以外でも一般的な解釈で、通説になっている。

ところが、順昭公ゆかりの圓證寺に伝わる話は、ちょっと事情がちがう。

「元の木阿弥って、今は、あまり良い意味で使われてないですよね。でも、本当はそうじゃないんですよ。木阿弥さんのためにも本当のことを書いてくださいね」

女手一つで寺を守る住職、服部鳳圓《ほうえん》さんが、代々伝わる木阿弥に関する意外なエピソードを語ってくれた。それはこんな話だ（筆者注――圓證寺には「黙阿弥《もくあみ》」という表記で伝わっているようだが、わかりやすく一般的な「木阿弥」で表記する）。

時は、天文《てんぶん》一八（一五四九）年七月七日。

大病をわずらっていた大和の国の筒井順昭公は、もう先が長くないと覚悟して、信頼していた家臣たちを別邸である下屋敷《しもやしき》に集めて、遺言をのこした。

「今、自分が死んだら、後継ぎ（のちの筒井順慶）がまだ幼いので、宿敵、松永弾正《まつながだんじょう》に攻め込まれて国を切り崩されてしまう。そうしたことにならないよう、自分を密《ひそ》かに葬《ほうむ》って、新しい体制を固める時間をかせぐために、三年間は喪《も》を隠してくれ」と。

だがいったいどうやってと家臣が尋ねると、

「角振町《つのふりちょう》の隼《はやぶさ》の祠《ほこら》の近くに、木阿弥という目の不自由な琴の師匠がいる。自分に背格好や人相、声もそっくりだ。彼を影武者にして、大和の国の筒井順昭はまだ元気に生きているぞと見せかけるのだ。くれぐれも敵に気が付かれないようにたのんだぞ」と奇策をさずけた。

そして、翌年六月に順昭公がまだ二八歳の若さで亡くなると、計画はただちに実行された。

家臣たちは角振町の木阿弥に、かくかくしかじかと事情を説明して、影武者として丁重に迎え、順昭公の身代わりとした。

やがて筒井家の新しい体制が整い、順昭公の死が発表されるまで、木阿弥は影武者となっ

圓證寺本堂の内部。ここで木阿弥は影武者となって床に伏していた

て床に伏《ふ》し、みごとに代役を果たした。そして、金銀財宝や衣服など、それこそ抱えきれないほどたくさんの褒美《ほうび》を与えられ、元の住居である角振町へと帰っていった。

そう、最後の部分が、これまでの通説とまったくニュアンスがちがう。

木阿弥は、筒井家と大和国を守ったヒーローだったのだ。けっして何かヘマをしでかして、元の木阿弥、ゼロの状態に戻ってしまったわけではない。

「木阿弥さん偉い、よくやった！　そんなふうに地元のみんなに迎えられたにちがいないんです。それなのに、元のつまらないさまに戻ることの代名詞のようにいわれているのを知ったら、きっと木阿弥さん、怒っちゃいますよ」

と、圓證寺の住職は、木阿弥が失敗したのではなく、成功して帰ったことを強調する。

木阿弥が身代わりで寝ていた圓證寺本堂の板敷きの床に横になってみた。

十数メートル四方の本堂。下手に動けば敵に悟《さと》られる。ただ寝ているしかない。本当は元気なのに、お国のため、筒井公のためにと、寝ているばかりの生活もけっして楽なことではなかったはず。

想像以上にしんどいその務めを見事に果たした木阿弥さん、あなたは偉いッ！

さてその圓證寺に、木阿弥の肖像画がある。

いや、正確にいうと、うりふたつだったという筒井順昭公を描いた絵だ。

木阿弥とそっくりだったという筒井順昭の肖像画（圓證寺蔵）

比叡山《ひえいざん》で修行した僧侶でもあった順昭公の顔は、ふっくらおだやかで、木阿弥さんもきっとこんな顔立ちだったのだろう。

圓證寺では現在、順昭公が亡くなった八月二〇日に順昭公忌《き》を行っているが、それとは別に、木阿弥をたたえて偲《しの》ぶメモリアルデーを作ってはいかがかと、住職に提案してみた。

木阿弥の没年月日は不詳なので、たとえば順昭

木阿弥が住んでいた角振町にある隼神社

公が家臣を集めて木阿弥を影武者にする案が発表されたとされる七月七日、七夕あたりがいいかもしれない。

ところで、大役を務めた木阿弥のその後が気になって、近鉄奈良駅に戻って界隈《かいわい》を歩いた。

移転前の圓證寺は、駅前の奈良ビブレが建っている場所にあったというが、そのワンブロック先に、木阿弥が住んでいた角振町がある。

ビルとビルにはさまれたその一角に、順昭公が木阿弥の家の目印として家臣に伝えた祠と思われる小さな神社を発見した。隼神社だ。

駅前から角振町へ抜ける道は、かつて中《なか》街道と呼ばれ、大和盆地を南北に通じる重要な産業道路だった。江戸から昭和の初期まで豪商が軒《のき》を連ねていたという。

あたりには墨や筆など奈良名物を古くからあきなう老舗《しにせ》が何軒も残っていて、ひょっとして木阿弥さんが町に戻ってきてからのその後の足取りがつかめるかと思ったが情報はなかった。

圓證寺でも、木阿弥のその後はわからないという。

ということで今回、木阿弥さんの汚名返上、名誉挽回のお手伝いをさせていただいたが、大和の国のヒーロー木阿弥のその後に関する情報があったら、ぜひお寄せいただきたい。

さて、お楽しみの語源みやげは、木阿弥さんの家があったとされる場所のすぐ近く、築四〇〇年の店構えが堂々としている今西本店の「純正奈良漬」以外にはない。

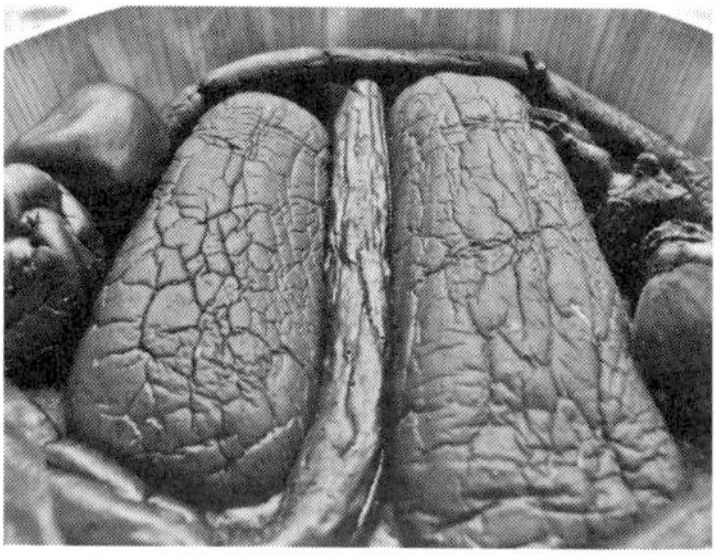
今西本店の純正奈良漬（瓜、きゅうり、すいか、ひょうたんなど）。色は真っ黒だ

人工甘味料、保存料、着色料を一切使わず、清酒粕《かす》だけで丹念に作る伝統製法が自慢だ。

最低三年、最長で一二年、気が遠くなるほどしっかり漬け込んだ本物の奈良漬けは、見た目は真っ黒、でも、味はまるくて甘くてうまい。室温四〇度以下なら平気で一年はもつ。

文献がないので創業年は不詳だが、築四〇〇年の建物より古いことだけは確からしい。

奈良漬が今の形になったのは、まさに木阿弥が生きた室町・戦国時代のころ。当時の味をそのまま今に伝える唯一の店、それが今西本店だ。

漬け物が苦手な小学六年生（当時）の息子が、「なにこれ、美味しい！」と箸《はし》が止まらなくなったのには驚いた。木阿弥さんもきっとこの味を好んで食したにちがいない。

チンタラ

鹿児島県

やる気なく、のろのろと事を行うさま。（広辞苑）

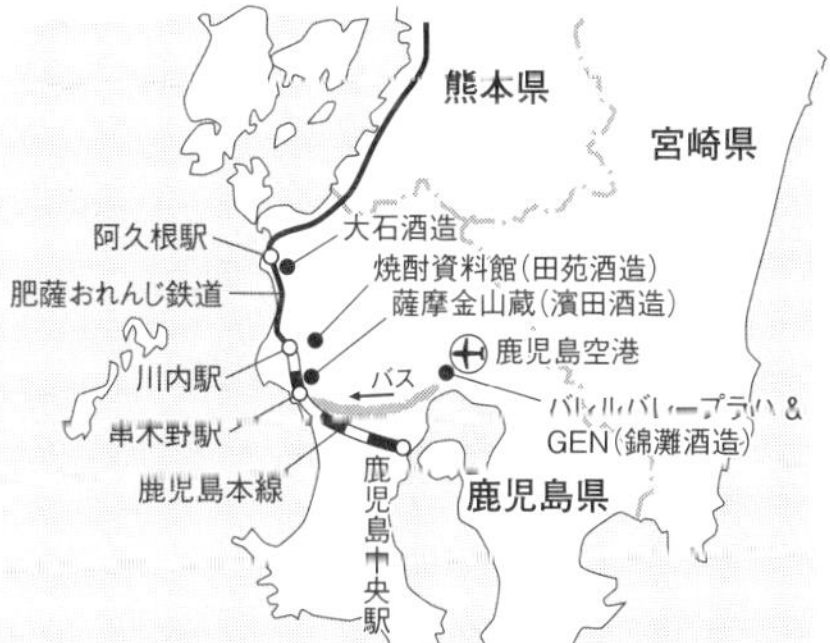

「こらぁ！　チンタラしてないで、仕事しろ、仕事ッ！」

まあまあ、そんなに怒らないでくださいよ。ゆっくりのんびりいきましょうよ。だって「チンタラ」は、江戸時代から使われていたスローライフ、スローフードのシンボルともいえる言葉なのだから。

ということで今回は、「チンタラ」の語源をめぐって、鹿児島をぐるっと一周、ちんたらちんたら旅をすることに。

え？　なぜ鹿児島なのかって？

はい、それは「チンタラ」が、江戸から明治にかけて薩摩《さつま》地方では一般的だった焼酎《しょうちゅう》の伝統的な蒸留法にその語源を求めることができるから。

かつて、カブト釜式蒸留機、通称「チンタラ蒸留機」なるものがあった。近代化とともに一度は消滅したそのチンタラ蒸留機が、今ふたたび見直され、復活し始めているという。

いったい、それはどんなものなのか。そして、焼酎の蒸留法に由来するという九州ローカルの言葉が、なぜ広く全国で使われるようになったのか、その謎を解くべく……といいながら、実はただ美味しい焼酎を飲みたいという、ただそれだけの理由で語源ハンティングの旅に出ることに。

羽田発、朝一番のフライトで鹿児島空港へ。

せっかくだから、チンタラ蒸留機を見ることができる四軒の蔵元《くらもと》を一日でまわろう、なんていうちょっと欲かきな旅程を立てた。チンタラはしていられないかもしれない。

空港出口で待つと、無料送迎のワゴン車がやってきた。

まずは、空港のすぐ目の前にある、錦灘《にしきなだ》酒造（霧島《きりしま》市）からスタートだ。

「地元の方は、いつもどんな焼酎を飲んでいるんですか?」

「うちではもっぱら芋焼酎の田苑《でんえん》ですね。値段も手頃で美味しいですよ」

送迎の車のなかで、挨拶代わりにおすすめの焼酎を聞いて驚いた。返ってきた答えは、錦灘酒造の自社製品ではなく、この日たまたま三軒目に訪問を予定していた田苑酒造（薩摩川《せん》内《だい》市）の「田苑」だというのだ。

これから会社を案内しようというのにいきなり他社製品をすすめるとは、愛社精神というものはないのか、そんなことをいって大丈夫なのかとびっくりしたが、その謎はこのあとの工場見学で腑《ふ》に落ちた。錦灘酒造は、ただの焼酎メーカーではなかったのだ。

のどかな茶畑のなかに、一升瓶《いっしょうびん》をモチーフにした巨大なオブジェが立っている。焼酎の

錦灘酒造「バレルバレープラハ& GEN」

見学工場とチェコ共和国のテーマパーク「バレルバレープラハ&GEN《ゲン》」だ。

錦灘酒造の兄弟会社が、ビールの本場チェコの伝統的な製法を取り入れた「霧島高原ビール」を作っている。その関係でチェコのテーマパークがある。チェコのピルスナービールもそそられるが、今回のお目当ては焼酎の見学工場「GEN」のほうだ。

案内してくれたのは、発酵《はっこう》の研究者でもある山元紀子《やまもとのりこ》社長。チンタラ蒸留機が見たいというそれだけの目的でうかがったが、話を聞いて自分の不勉強を恥《は》じた。ここは焼酎の総本山ともいうべきところだった。

もともと錦灘酒造は、焼酎の原料となる麹菌《こうじきん》を全国の酒造メーカーに卸《おろ》して製造の指導もする麹屋さんだった。

焼酎は麹が命。たとえばワインの出来不出来は、原料のぶどうのよしあしにかかっているが、焼酎は「麹」で決まる。錦灘酒造はその大もとだったのだ。

見学工場「GEN」は、錦灘酒造当代の祖父、河内源一郎《かわちげんいちろう》の「源」からとっている。

河内源一郎は「麹の神様」「近代焼酎の父」と呼ばれ、日本の焼酎文化の土台を創った伝説の人物。明治年間に、沖縄の泡盛《あわもり》製造に使う黒麹菌から白麹菌「河内菌」の分離培養《ばいよう》に成功。これによって良質で美味しい焼酎作りが可能になった。

現在、日本で生産されている焼酎の実に八割が、この河内菌で造られている。空港送迎係の方が、他社の焼酎を愛飲していると告白したので驚いた件も、実は「麹」は錦灘酒造の自信作だった。今日の焼酎ブームも、河内源一郎の研究があってこそと知った。

と、焼酎の歴史を学んだところで、いよいよ「チンタラ」の語源といわれるカブト釜式蒸留機、通称「チンタラ蒸留機」とご対面だ。

近代的な施設のど真ん中に、一見してそれとわかる大きな木桶《きおけ》があった。

カブト釜式蒸留機

これだ、これだ！

錦灘酒造では麹の研究も兼ねて、自社で焼酎を製造直販することにした。とはいえ、指導する立場の「麹の神様」的な会社が中途半端な焼酎は作れない。そこで、河内源一郎が遺《のこ》した記録とレシピを元に、近年途絶《とだ》えていた伝統のチンタラ蒸留機を復元して、全国の酒蔵に範《はん》を示すフラッグシップ的な焼酎を作ることにした。
それが、幻の最高級芋焼酎、その名も「チンタラリ」である。

チンタラ蒸留機のメカニズムはこうだ（上図参照）。

まず、鉄釜にもろみを入れ、大きな杉の木桶で覆う。

木桶の上部には、鉄兜《てつかぶと》をひっくり返したような鉄の鍋を蓋《ふた》代わりにセットして、そこに冷却水をそそぐ。

次に、釜の下から直火《じかび》で、もろみをじっくり加熱する。

このとき、熱くなった鉄釜が「チンチンッ」と音を発する。これが「チンタラ」の「チン」である。

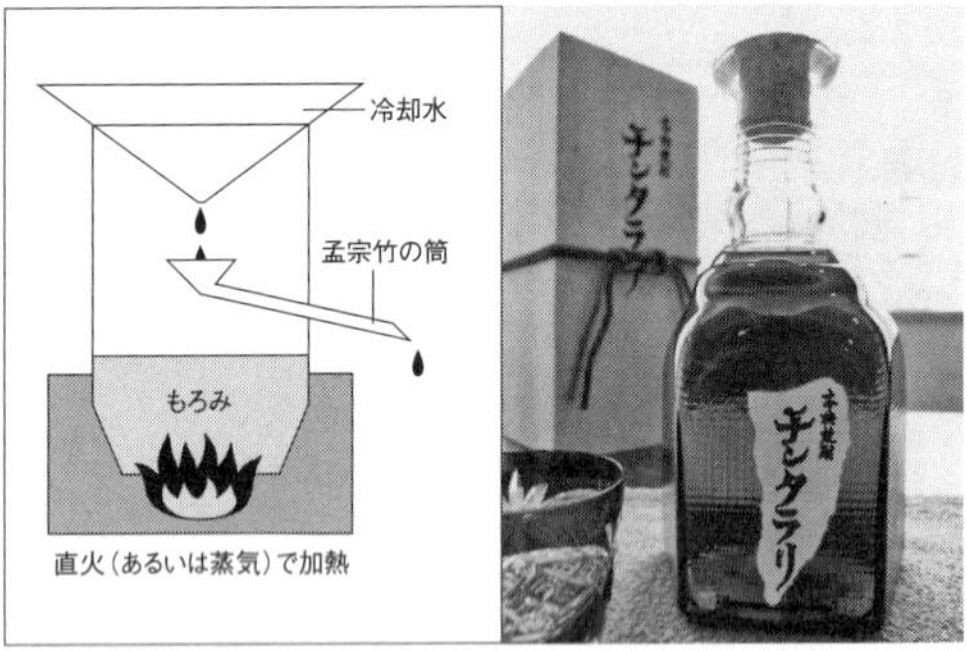

カブト釜式蒸留機の内部構造（左）と、錦灘酒造の最高級芋焼酎「チンタラリ」（右）

やがて、蒸発したアルコール分が、木桶上部の鉄兜の裏面に付着して冷やされ液化。それが孟宗竹《もうそうちく》の筒を伝わって、ゆっくりゆっくり、ポタポタ、タラタラと滴《したた》り落ちてくる。

チンチン熱くなって、タラーリ、タラタラ、略して「チンタラ」だ！

現在流通している焼酎のほとんどは、もろみに蒸気を吹き込み、ステンレス製の釜で大量に製造されているが、それに対してチンタラ蒸留機は、一日かけてせいぜい升瓶一本が限度。スローフードと呼ぶにふさわしい気の遠くなるような根気のいる仕事だ。最高級芋焼酎「チンタラリ」は、さらにそれを甕壷《かめつぼ》のなかで一〇年熟成させる。「焼酎は日本が世界に誇る文化です。スピリッツ（蒸留酒）なだけに、日本のスピリッツ（精神）を見せたいんです」と、洒落《しゃれ》っけのある山元社長は誇らしげに胸を張る。

さて、チンタラの旅、いったん空港に戻り、串木野《くしきの》行きの連絡バスに乗って約一時間半。いちき串木野市にある濱田《はまだ》酒造の薩摩金山蔵《きんざんぐら》へ向かう。

串木野は、金鉱山とマグロ遠洋漁業の基地として栄えてきた。そこに、江戸初期以来、薩摩藩島津《しまづ》家の財政を支え、明治維新の原動力となった薩摩金山がある。NHK大河ドラマ『篤姫《あつひめ》』で知られるあの島津家の資金源となった金山だ。

三五〇年以上かけて掘られた坑道《こうどう》の総延長距離は一二〇キロ。かつて日本一の産金量があったこの金山の奥深くで、本格芋焼酎「海童《かいどう》」で知られる濱田酒造が、平成一七（二〇〇五）年からチンタラ蒸留機を復活させて、昔ながらの焼酎を仕込んでいる。

4名の若い女性杜氏が交代制で勤務中。坑内はトロッコで移動

なぜ金山で焼酎なのかと聞けば、答えは明瞭《めいりょう》だった。坑内の温度が一八度前後と一定であること。紫外線が入り込まないこと。そして振動がないこと。焼酎作りに適したこの三つの条件がそろっているからだという。

トロッコに乗って、地下七〇〇メートルまでもぐっていく。ひんやりと肌寒い。地下深く坑道に並んだ無数の甕が壮観だ。

杜氏《とうじ》は若い女性ばかりだった。

理由がある。味噌や醤油と同じように、かつて焼酎も自家製があたりまえの時代があった。そしてそれは女性の仕事だった。明治以前の焼酎作りをコンセプトにしているこの薩摩金山蔵では、そういうわけで杜氏は全員女性である。

携帯電話の電波も届かない地下の世界で、チンタラチンタラ、チンタラ蒸留機で丁寧な仕事をしている。

金山蔵の焼酎「熟成と共に福来たり」は、現地のみでの限定販売。購入後、最長五年間、坑道内で貯蔵してくれ、誕生日や結婚記念日など、あらかじめ指定した日に届けてくれる小粋《こいき》なサービスもしている。
余談だが、「杜氏」とは、家事をつかさどる一家の主婦を意味する古語、刀自（とじ、とうじ）から来ていると聞いた。

つづいて串木野駅から鹿児島本線で北上、川内駅で下車。タクシーで田苑酒造に向かう。緑深い山のなかにある田苑酒造は、メインブランドの「田苑」にひっかけて、ベートーベンの交響曲第六番『田園《でんえん》』などクラシック音楽をタンクに響かせて発酵をうながす「音楽熟成」というユニークな製法で知られている。

復元して展示されているチンタラ蒸留機

研究によると、発酵が早くなり、酒質も向上するらしい。
本社敷地内に、築二〇〇年以上の酒蔵を利用した「焼酎資料館」があり、江戸、明治のころに実際に使われていた道具類や古文書《こもんじょ》など、約一四〇〇点が展示されている。そこにチンタラ蒸留機が一台、貴重な歴史的資料として保存されている。
以前、テレビ撮影のために、実際に火を入れて焼酎を作った

「ちんこだんご」に思わず目がテン！

こともあるそうだ。

館内には、ゆったりとしたクラシック音楽が流れている。音楽の振動も加わって、ゆっくりタラタラ、さぞかしうまい焼酎ができそうだ。

さあ、そろそろ日も陰《かげ》ってきた。ゆっくりスローライフな旅のつもりだったが、先を急がないと予定していた四軒全部まわりきれない。そうそうチンタラはしていられない。

焼酎資料館から川内駅に戻り、肥薩《ひさつ》おれんじ鉄道に乗る。駅に「ちんこだんご」と看板があったので、なんだそれ？　と急いで買い求め、車窓を眺めながらパクつく。そういえばこの日、あちこちで焼酎の試飲はしているものの、まだ何も食べていなかった。甘辛い醤油タレをつけて串に刺して焼いた「ちんこだんご」は、川内ではポピュラーな食べ物で、「新粉《しんこ》だんご」がなまって「ちんこだんご」らしい。口に出して注文するのはけっこうはばかられるが、地元の女子高生がふつうに頼んで買っていた。

さて、車窓左手に東シナ海を眺めながら鉄路で北上すること約三〇分、阿久根《あくね》駅で下車。阿久根は、西に甑島《こしきじま》列島、北に天草《あまくさ》諸島を見渡す港町だ。

駅まで、大石酒造（阿久根市）三代目、大石啓元《ひろもと》社長が迎えに来てくれた。

明治三二（一八九九）年創業、大石酒造が作る芋焼酎の代表銘柄「鶴見」は、かつてこのあたりが鶴の飛来地だったことに由来し、もう一つ人気の銘柄「莫祢氏《あくねし》」は、平安時代からこの一帯を治めていた豪族とそこからついた地名「阿久根」に由来する。

大石酒造。赤レンガの時計台が目を引く

ほどなくして大石酒造に着くと、赤レンガの煙突を利用した時計台が目にはいる。創業当時は今の倍の高さはあったそうだが、安全面から現在は半分に切り詰めている。それでも、十分に存在感がある。

エンジニア出身でもある五代目の大石社長は、ここで、チンタラ蒸留機と向き合っている。

古い文献をひもとき、地元や島の古老に話を聞き、知恵をさずかり、およそ二年におよぶ試行錯誤の末、ついにカブト釜式のチンタラ蒸留機を復活させたのは、まだ焼酎ブームが来る以

3代目社長・大石啓元さんに「カブト釜式蒸留機」のカブトの部分を見せてもらった

前、平成七（一九九五）年のことだった。

このままではほかのアルコール類の人気にかすんで、焼酎文化が終わってしまうかもしれないと強い危惧《きぐ》を抱いての挑戦だった。

チンタラ蒸留機の復元を試み始めた当初は、まるまる一日、汗だくになって仕事をしても、焼酎がタラリどころか一滴もできず、流れるのはただ涙ばかりということも珍しくなかったという。

昔ながらの製法にこだわったが、昔の味をそのまま再現したのでは今の人には受け入れられない。さつま芋や麹米《こうじまい》、仕込み水など原料はすべて地元阿久根産に限定しながら、味の研究も重ねた。

そうしてついに完成させた自信作が「がんこ焼酎屋」だ。アルコール度数二五度と三五度の二種類。新酒の季節にはヌーボーも出す。まろやかで、やさしく、そしてさわやかだ。

ところで、その大石酒造の大石社長から、「チンタラ」の語源に関する驚きの証言を得た。

鹿児島弁で「チンチン」は、「ゆっくり」「少しずつ」という意味だという。「チンチンやれ！」は「あせるな！」、「チンチン飲まないかんぞ！」は「ゆっくり味わって飲め！」といった意味で使うらしい。

チンタラ蒸留機の場合、あせって加熱すると焼酎が焦《こ》げ臭くなってしまう。だから、あせらず、チンチンゆっくり作業して、少しずつタラタラ滴り落ちるのを待つ。それが「チンタラ」という言葉のそもそもの由来だろうと、大石社長は実感から語る。

さらに、こんな推論も聞かせてくれた。焼酎由来の「チンタラ」は、明治維新がきっかけで全国に広まったというのだ。薩摩藩出身者が、軍隊や警察、学校の指導者的なポジションを占めるようになり、その影響で、鹿児島の言葉が人々の生活のなかに紛《まぎ》れ込んでいったという説である。なるほど、ひょっとしたらこれが正解かもしれない。

焼酎も日本語も、奥が深い！

ごり押《お》し

石川県

理に合わない事を承知でその考えをおし通すこと。
強引に事を行うこと。

（広辞苑）

強引に自分の主張を押し通すことを「ごり押し」するという。

その「ごり押し」の「ごり」とは何のことだかが、ずっと気になっていた。

で、調べてみたら、語源ハンティングにうってつけのネタを発見した。

「ごり押し」の「ごり」は、ハゼに似た川魚「ゴリ」のことで、「ごり押し」とは、ある地方の伝統的な「ごり押し漁」に由来するというのだ。

そうと知ったら、現場第一主義の語源ハンターとしては、いてもたってもいられない。

ゴリとはどんな魚なのか、ごり押し漁が見たい！　体験したい！

ところが、目の前に大きな壁が立ちはだかった。ごり押し漁は、とっくの昔に廃《すた》れてしまって、幻の漁法となっていることが判明したのだ。

がしかし、ここであきらめては、それこそ語源ハンターの名が廃る。

「そこをひとつなんとか……」とごり押しして、あ、いやいや、丁重《ていちよう》にお願いして、ついに、幻のごり押し漁を再現してもらうありがたい約束を取り付けた。

ということで、ゴリ漁が解禁される六月に、ひょっとすると今世紀最初で最後、それどころか人類史上最後になるかもしれない歴史的な「ごり押し」の旅に出ることに。

六月のとある金曜の午後、早めに仕事を切り上げて、羽田から現地へ飛んだ。向かった先は加賀《かが》百万石の城下町、古都金沢。

夕暮れの買い物客でにぎわう金沢市民の台所、近江町《おうみちょう》市場をぶらりと冷やかしてから、浅野川《あさのがわ》の河畔《かはん》、主計町《かずえまち》の茶屋街にある旅館「木津屋《きづや》」に投宿《とうしゅく》する。部屋の窓を開け放つと、目の前を流れる川のせせらぎに心洗われ、遠くに卯辰山《うたつやま》が見える。

元は茶屋だった木津屋がある一帯は、国の重要伝統的建造物群保存地区（通称、重伝建《じゅうでんけん》）に指定されていて、千鳥格子《ちどりごうし》の町家が並んでいて風情《ふぜい》がある。宿のすぐ裏手には、今は記念館となっている泉鏡花《いずみきょうか》の生家がある。川面《かわも》に街の灯《あかり》がゆらぎ、どこからともなく小唄と三味線の音が聞こえてくる。つい数時間前まで、せわしない東京にいたのがうそのようだ。

金沢の町を東西に流れる浅野川（上）と、旅情を誘う主計町茶屋街（下）

金沢には、文学にゆかりのある二本の川、浅野川とそして犀川《さいがわ》が流れている。主計町を流れる浅野川は、川のほとり

ごりのフルコースが食べられる「金澤料理ごり屋」

で幻想文学の泉鏡花が生まれ育ち、そしてその鏡花が「女川《おんながわ》」と形容した清流だ。一方、「ふるさとは遠きにありて思ふもの」という詩で有名な室生犀星《むろうさいせい》を生んだ犀川は「男川《おとこがわ》」と呼ばれている。

今回の語源ハンティングの舞台となるのは、目の前を流れる浅野川のほうだ。友禅《ゆうぜん》流しでも知られるゆったりとしたやさしい女川、浅野川で「ごり押し」をする。

夜、宿の近くの浅野川大橋から数えて四つ上流の橋、常盤《ときわ》橋まで河畔を歩く。目的地は、常盤橋のたもとにある金沢を代表する老舗《しにせ》の料亭「金澤料理ごり屋」だ。

創業は明和《めいわ》四（一七六七）年。初代亭主が、眼下に流れる浅野川ではぐくまれたゴリや、裏山でとれる山菜を料理して、近隣の友人にふるまったのがそもそものはじまりだとか。

敷地は優に一〇〇〇坪を超え、全室離れの庵《いおり》が点在する贅沢なしつらえとなっている。

江戸時代にはすでに、「浅野川ごりは、諸国に聞こえたる名物なり」と有名だった。

このごり屋で、金沢漁協のドンたちと一献《いっこん》を傾けて、翌日に予定しているごり押し漁の打ち合わせをする。

囲炉裏《いろり》のある離れの座敷で待つと、女将《おかみ》が名物のごり料理を運んでくる。

一匹まるごと「ごりの千歳煮《ちとせに》」、ぷりぷりとした食感の「ごりの洗い」、白みそ仕立ての「ごり汁」、尾をピンと張り、ひれを広げて、まるで泳いでいるような「ごりの素揚《すあ》げ」に、「ごりの骨酒《こつざけ》」と、名物料理のフルコースだ。

ちょっと見はグロテスクな姿形にぎょっとするが、勇気をふるって食べてみる。するといずれも、思いのほか美味。とくに素揚げはくせになる。

ごりの素揚げ

ごりの骨酒

炭火で炙《あぶ》ったごりに、ほどよく温めた清酒を注いだ骨酒は、ごりが本来持っている甘みがしっかりと溶け出していてうまい。
語源再現にお付き合いいただく金沢漁協のゴリ・ブラザーズ、組合長の野尻安司《やじりやすし》さんは七六歳。副組合長の河崎敬一《かわさきけいいち》さんは七八歳。
子供のころ、川でゴリを捕まえて「ごり

屋」に持っていくと、当時一匹一〇円で買い取ってくれたので、小遣《こづか》いを貯《た》めてはよく映画を見にいったと懐かしそうに話してくれた。

昭和三〇年代あたりまでは、いくらでも天然のゴリがいたけれど、次第に数は減り、今は県の養殖センターで卵を孵化《ふか》して稚魚《ちぎょ》を育て、毎年九月に放流しているという。

とそこへ、ごり屋の主人、川端與則《よしのり》さんも加わって、川のうつろいを嘆《なげ》く。

川端さんは今から二〇年以上前、日に日に川が汚れていくことに危機感を抱いて、誰に頼まれたわけでもないのに、日本全国二七四河川を調査して歩いた。そして出た結論は、

「山がダメになって、川もダメになった。もとの状態を回復するには三〇〇年かかる……」

地元浅野川も例外ではない。

ごり屋では、赤ゴリと呼ばれるカジカ科のカジカしか使わない。

高知の四万十川《しまんとがわ》や琵琶湖など、全国で「ゴリ」と呼ばれている魚は数多くあるが、そのほとんどはハゼ科のヨシノボリだ。金沢みやげの佃煮もそう。

ではなぜ、ごり専門のごり屋は、カジカ科のカジカ、赤ゴリにこだわるのか、何がちがうのかと尋ねると、川端さんは即答した。

「顔がちがいますよ。それと、赤ゴリは肝臓《かんぞう》が小さい。川魚なのに臭《くさ》みがないんです。わか

る人はわかります」

ゴリはゴリでも、赤ゴリとそれ以外では、風味が全然ちがうというのだ。

ところが、そんな天然の赤ゴリが浅野川から消えた。まったくいないわけではないが、専門店で使うだけの数が確保できない。

結局、「ごり屋」は調査の末、新潟県魚沼《うおぬま》地方の秘密の清流に赤ゴリがいることを確認して、現在、専属の漁師と契約して調達している。


さて、ごりづくしの料理を堪能した翌朝、一世一代のごり押し漁に出発だ。

金沢漁協のゴリ・ブラザーズと浅野川の上流めざして車でおよそ三〇分。熊が出たこともあるという山のなかの川幅二、三メートルのところで漁をすることに。

ズボンと長靴が一体化した釣り用の防水ウェアを身につけて川へ入る。

水かさはけっして多くはない。

日本全国どこにいっても、昔と比べて川の水が減っていると嘆く地元の声をよく聞くが、浅野川も例外ではなかった。

それでも、とんぼが舞い、カジカガエルがぴょんぴょん跳んでいる。

ブッタイ（上）とイタ（下）

川を少し歩いてさかのぼる。ちょっとした冒険気分だ。

やがて、このあたりにいそうだとあたりをつけたポイントで、ブラザーズの河崎さんが「ブッタイ」と呼ばれる漁具《ぎょぐ》を川底に押しつけて、「さあ来い！」とかまえる。

ブッタイは、竹をすだれ状に三角形に編《あ》んで、そのなかに魚を追い込んですくい取る道具だ。まだ機械編みの漁網《ぎょもう》が普及する前は、川ではよく使われていた。漁協の片隅に保管されていた古い物を、この日のために手入れして持ってきてくれた。

そのブッタイに向かって上流側からブラザーズ野尻さんが、「いくぞ！」と、把手《とって》をつけた特製の板（イタ）で、川底をごり押しする。全身を使って板を左右にゆすって、文字通り、ごりごり、ごり押しして小石や岩を動かし、その下で休んでいるゴリをびっくりさせる。

ゴリを漢字で書くと、魚ヘンに休むで「鮴《ごり》」だ。文字どおり、岩や小石の下にじっと隠れて休んでいる。だから川底をひっかきまわすとびっくりして飛び出す。

あわてて飛び出したゴリは、いったん流れにさからって上流側へ向かう習性がある。

これがホントの「ごり押し」。合わせて150歳超えのブラザーズ、野尻さん（左）と河崎さん（右）

ところが、ごり漁のイタがごりごりと立ちはだかっているので、あわてて今度は逆に下流に向かって一直線に逃げようとする。

そこにブッタイが待ちかまえていて、ひょいとゴリをすくい取ってキャッチする。

伝統のごり押し漁は、こういう仕掛けになっている。

しかし、漁具は重いし、作業はハードだし、二人合わせて一五〇歳オーバーのゴリ・ブラザーズは、あっというまに汗ダラダラだ。

ごりごり、ごりごり。

ごりごり、ごりごり。

と、そのとき……

いた、いた、いたっ！

ごり押し係の野尻さんが声を上げる。

キャッチ係の河崎さんがブッタイをすくい上げる。

するとそこに、正真正銘の赤ゴリが！

よく見ると、浅野川の川底の赤茶けた小石に擬態《ぎたい》して、全体が赤みを帯びている。なるほど赤ゴリの「赤」とは

見事獲物となった10センチオーバーの赤ゴリ

そういうことだったのか。
一匹とって調子にのったゴリ・ブラザーズの二人はこのあとも、ゴリで映画代を稼《かせ》いでいた少年のころに戻ったかのように、息を合わせてごりごりごりごりと、ごり押し漁をつづけた。

さて、歴史的ごり押し漁の獲物《えもの》は、金沢にミシュランガイドがあったら間違いなく星が輝く名店「割烹《かっぽう》 むら井」（金沢市香林坊《こうりんぼう》）に持ち込んで唐揚げにしてもらった。


う、うまい、うますぎる。

ちょっとグロテスク系のルックスは、昨晩のごり屋で免疫ができているので、純粋に味を楽しめる。地元の人たちがゴリの解禁を心待ちにしているのが、なぜだかよくわかった。

と、ここで、目の前の客が語源ハンターだと知った店の主人、村井基晃《もとあき》さんが「ごり押し」に関する別の説を聞かせてくれた。

「ゴリは、からだ全体を使って川底の小石を押しのけ、その下にいるエサを食べるんですよ。

ゴリが押すからごり押しです」

幻のごり押し漁を再現して、長年の謎をすっかり解決したつもりでいたら、新たな説の登場だ。謎が謎を呼ぶおもしろ語源ハンティング。

だから語源ハンターはやめられない。

お払《はら》い箱《ばこ》

三重県

雇人を解雇すること。不用品を取り捨てること。

（広辞苑）

朝早く東京駅を発ち、名古屋でJR快速みえ号に乗り換えて伊勢路《いせじ》をいく。めざすは、「お払い箱」の語源遺産、伊勢神宮だ。

不用品を捨てたり、解雇することをいう「お払い箱」とは、いったいどんな「箱」なのか。

広辞苑は、語源になった「箱」について、こんな解説をしている。

「伊勢神宮から頒布《はんぷ》される御祓《おはらい》の大麻《たいま》を入れてある箱」

なに？　大麻を入れてある箱？　これはただごとじゃない。この国でうっかり大麻（マリファナ）になど手を出そうものなら、お払い箱になるだけでは済まされない。大麻取締法違反でしょっぴかれて、たちまちブタ箱入りだ。

いや、まさかその大麻ということはあるまいし……。

と、そんな疑問を抱きつつ、お伊勢参りを兼ねた語源ハンティングで伊勢神宮へ。

ところまで、あたりまえのように「伊勢神宮」と表記してきたが、実は広報室からぴしゃりといわれていたのを思い出した。

「伊勢神宮というものは存在しません。あえていうなら、伊勢の神宮です」

これにはびっくり。日本人の心のふるさと、「お伊勢さん」と呼ばれ親しまれている伊勢神宮の正式名称は、単に「神宮」だという。そしてその「神宮」とは、ある一つのお宮を指しているのではなく、大小全部で一二五社ある神社の集合体のことだと今回学んだ。

神宮の中心となっているのは、「内宮《ないくう》」と「外宮《げくう》」だ。

内宮（皇大神宮《こうたいじんぐう》）は、あらゆる生命をはぐくむ太陽神であり、皇室のルーツとされる天《あま》照大御神《てらすおおみかみ》を祀《まつ》っている。

その内宮に対して外宮（豊受大神宮《とようけだいじんぐう》）は、天照大御神の食事をつかさどる神、豊受大御神《とようけおおみかみ》を祀っている。わかりやすくいうと「食の神様」だ。さらにいえば、日本人の主食である米をはじめ、「衣食住」あらゆる産業の守護神でもある。


ということで、名古屋から鉄路で一時間半、志摩《しま》半島の付け根に位置する伊勢市の玄関口、伊勢市駅で下車。まずは、「食」の神様がおわしまする外宮へと向かう。

駅前に立つと、妙に静かだ。

それは神聖な静寂とは異なる。閉店した百貨店が空きビルになっていて、あたりにさびしさがただよう。南に延びる三〇〇メートルほどの参道も、以前は大きな旅館や食堂、みやげ物店が軒《のき》を並べていたというが、レトロな木造三階建ての旅館「山田館」ほか数軒のみが、かつてそこがにぎわいの地だったことをかろうじて偲《しの》ばせているにすぎない。

その昔、「伊勢にいきたい、伊勢路が見たい、せめて一生に一度でも」と伊勢音頭《おんど》に唄《うた》われ、江戸の中ごろには「おかげ参り」「ぬけ参り」が周期的に大流行したお伊勢さんの町がこの静けさとは、まったく想像もしていなかった。

「車の時代になったら、外宮に寄らないで、内宮だけお参りする人が増えてね……」

と、商店の主《あるじ》がため息まじりに嘆《なげ》く。

街道を歩いて旅していた当時は、「お伊勢参りは外宮も参れ、外宮参らにゃ片《かた》参り」といわれていた。まずは外宮へお参りして、それから内宮へと順にたどるのが正式なルートだった。

それが、鉄道の時代を経て、やがて車の時代になると、外宮を通過して、内宮とその参道へ直行するようになってしまった。旅のスタイルが変わって街も変わった。

「もったいない……。食の安全や、食料自給率が社会問題になっている今だからこそ、食をテーマにして街並み再生を図れないものだろうか。せっかく食の神様の参道なのだから。時代が変わったら、街そのものがお払い箱になった、というのでは洒落《しゃれ》にならないし……」

そんなことを考えながら、駅から南へ歩くこと一〇分。参道が途切れて、道路一本へだてたその先に、大きな杜《もり》が見えてくる。

表参道の火除橋《ひよけ》を渡り、手水《てみず》をして、総檜《ひのき》造りの一の鳥居をくぐる。すると、ゆるりとカーブを描いた参道のその奥に山があり、樹齢数百年の木々の梢《こずえ》に洗われた清らかな風が流れ、小鳥たちのさえずりが聞こえてくる。

静謐《せいひつ》、そのひと言だ。

駅前の静けさとは、同じ静けさでも明らかにただよう空気がちがう。聖地ならではの浄化パワーだろうか。街からほんのわずかな距離だというのに不思議だ。

やがて二の鳥居をくぐり、きれいに掃《は》き清められた玉砂利を踏みしめながら御正宮《ごしょうぐう》へ進む。そして、「食の神様」に参拝する。

「食の神様」にご挨拶したついでに、御正宮脇の裏参道から忌火屋殿《いみびやでん》をのぞき見る。ここは、神様のための食事、ご神饌《しんせん》を調理するところで、いわば「神様のキッチン」だ。

なぜそうしたものがあるかというと、外宮のお隣、内宮の天照大御神が「美食の神様」だからにほかならない。そもそも伊勢の地を選んだのも、風光明媚《ふうこうめいび》で海と山の幸《さち》豊かな「美《う》まし国」を探し求めてたどりついたのだと日本書紀は伝えている。

もっとも、食材があっても料理人がいなければ始まらない。そこで天照大御神は、この地

神宮神田

に鎮座《ちんざ》してから五〇〇年後に、食事をつかさどる神として豊受大御神を、丹波《たんば》の国から招いた。

以来、今日に至るまでの一五〇〇年間、一日たりとも欠かさず、朝夕二回、神様の食事を用意して供える神事がつづけられている。

これを、日別朝夕大御饌祭《ひごとあさゆうおおみけさい》と呼ぶ。

神様に日々の食事を美味しく召しあがってもらってはじめて、私たちも食の恩恵にあずかることができるというわけだ。

ちなみに美食の神様の食事は、わずかな穢《けが》れもあってはならないので、食材はすべて自給自足でまかなわれている。いちばん大切な「米」は、清流五十《い》鈴川《すずがわ》の水を引いた神宮神田《しんでん》で栽培している。そもそも稲は、天照大御神がこの国にさずけた。塩は五十鈴川の河口、夫婦岩《めおといわ》で有名な二見浦《ふたみがうら》の塩田で、古式のままに海水を煮つめて作っている。野菜や果実は神宮御園《みその》で栽培。魚も自前だ。

調理は、昔ながらに摩擦で火をおこすところから始める。食材ばかりか、神饌を盛る土器も神宮オリジナルで、一度使った物は土に還《かえ》している。元祖スローライフだ。

さて問題は、大テーマの「お払い箱」と、その中に入れられているらしい「大麻」である。

外宮神楽殿《かぐらでん》の神札《おふだ》授与所で、まず「大麻」を発見した。正式名称は「神宮大麻」。それは、剣先《けんさき》の形をしたよく見る「お札《ふだ》」のことだった。

「お祓《はら》いさんと呼んでいます」

と巫女《みこ》さんが教えてくれた。本来、「大麻」は「おおぬさ」と読むらしい。

神社などで神主さんがお祓いをする際、ふさふさとした紙垂《しで》が付いた祭具を左右に振っているのを見るが、あれが大麻《おおぬさ》だ。もともとは麻製だったので、「麻」の字があてられている。お札のなかには、その大麻のミニチュア版が入っているという。

これでまず「大麻」の謎は解けた。あたりまえだがマリファナではなかった。

次に、肝心の「お払い箱」を探す。

同じ神札授与所に、「箱大麻《はこたいま》」なる立体的なお札のサンプルがあった。幅は約一〇センチ、長さ三〇センチちょっと、高さは五センチほど。それは、漉《す》いた和紙で作られている四角いボックス型の立体的なお札で、ジャストサイズの木箱に収められていた。

おっ、これが「お払い箱」にちがいない。

「箱大麻」にはいくつか種類がある。聞くと、「五千度祓《ごせんどばらい》」とある箱大麻は祝詞《のりと》五千回分、「一万度祓《いちまんどばらい》」は祝詞一万回分の祈りのパワーが込められたお札だという。「数祓《かずはらい》」といって、祝詞を唱えれば唱えるだけ、清めの力が増すという信仰から来ている。

御神楽《おかぐら》を奉納すれば、その立派な箱大麻をいただけるということで、さっそく初穂《はつほ》料を納めて、神楽殿へ参上する。

神職が祝詞をあげ、楽師が雅楽《ががく》を奏《かな》でるなか、美しい装束《しようぞく》を着けた舞姫が舞う。神様と共に舞楽を楽しみ、祓い清めてもらう。そうしてようやく、御神酒《おみき》や鰹節《かつおぶし》、昆布《こんぶ》、土器、箸《はし》などのご神饌一式とあわせて、木箱入りのありがたい箱大麻をいただいた。

「これだこれだ、これがお払い箱だ！　これにて今回の語源ハンティングは一件落着！」

と喜んだのもつかのま、

「これは箱大麻で、お払い箱とはいいませんよ」

と、神職の方に即座に否定されてしまった。

うーむ。いわれてみればたしかに、神様に祈りを捧げて清めたお札を「お払い箱」などと呼ぶのは、たいそう不謹慎な気もする。

となると、広辞苑のいう「お払い箱」はいずこに……。

大きな謎を残したまま、次に内宮へお参りすることに。
外宮と内宮をめぐる循環バスで一五分。春は桜で知られる五十鈴川に平行して、石畳の参道「おはらい町通り」がある。距離にして約八〇〇メートル。

内宮の参道「おはらい町」は、江戸時代も今も参拝客でにぎわっている

参道は、創業三〇〇年の老舗《しにせ》「赤福《あかふく》」本店をはじめ、伊勢特有の伝統建築が軒《のき》を連ねていて、町並みに風情《ふぜい》がある。江戸時代の茶屋や芝居小屋を復元した「おかげ横丁」もにぎわいを見せていて楽しい。

江戸の頃から、参拝客を接待する「おもてなし」の伝統があると聞いてはいたが、町中の人たちがにこやかに親しげで、歩いているだけでうれしくなってくる。

小腹が空いてきたので、名物の伊勢うどんをつるりっ。この地方独特のずんぐりとした極太麺を、たまり醤油にみりんを加えた黒くて濃厚なつゆにからめて、つるつるっといただく。

御師は、参拝客を伊勢の山海の珍味や酒でもてなした（本居宣長記念館所蔵「御師邸内図」より）

デザートは赤福餅だ。可愛らしいひと口サイズのあんころ餅の餡《あん》に、三本の筋があるのは、神宮神域《しんいき》を流れる五十鈴川のせせらぎをかたどっている。白い餅は川底の小石だとか。

かつてこの内宮と外宮の参道には、あわせて七〇〇軒近くもの「御師《おんし》の館《やかた》」があった。

「御師」とは、もともとは全国津々《つつ》浦々《うらうら》をまわって伊勢信仰を広めた神宮の神職のことで、江戸期にお伊勢参りのブームを巻き起こした仕掛人でもある。

各地に伊勢講《いせこう》を組織して布教活動をすると同時に、お伊勢参りの団体ツアーを神宮に送り込んで、自分が経営する館に泊めた。そして、山海の珍味や酒など、贅《ぜい》の限りを尽くしたごちそうでもてなした。現地ガイドの役も果たした。

感激した参拝客は、故郷に戻ってから夢のような体験を語る。それを聞いた人は、どうしたってお伊勢さんにいきたくなる。客がまた客を呼んだ。

当時のそうしたにぎわいを想像しながら参道をいくと、やがて内宮の大鳥居にたどりつく。鳥居をくぐり、五十鈴川にかかる全長一〇〇メートルもある木造の宇治橋《うじばし》を渡る。するとその先が内宮の神域だ。緑うるわしい千古《せんこ》の森に囲まれた内宮に参拝して、世俗のけがれを洗い清めたら、いよいよ「お払い箱」探索も佳境《かきょう》に入る。

（上）五十鈴川にかかる檜造りの宇治橋
（下）神宮徴古館向かいの御師邸の門

循環バスに乗り、次に訪れたのは神宮の博物館「神宮徴古館《ちょうこかん》」だ。

そこは、ネオ・バロック様式の威風堂々たる洋館だった。旧赤坂離宮《あかさかりきゅう》（現在の迎賓館《げいひんかん》）や、東京・京都・奈良の国立博物館など、宮廷建築に多く関わった片山東熊《かたやまとうくま》の設計だという。

片山は、「日本近代建築の父」と呼ばれた英国人建築家、ジョサイア・コンドルの一番弟子である。それにしても、神宮の博物館が、日本を代表する洋風建築とは、意外な組み合わせで驚かされた。

で、その神宮徴古館に、「お払い箱」の現物が展示、あるいは収蔵されていないだろうかと期待して訪れたというわけだ。そんな珍客を、神宮司庁文化部主幹で権禰宜《ごんねぎ》でもある松井宏頼《ひろよし》さんが相手をしてくれた。

案内された展示ルームにあったのは、剣先形のお札と、そして例のボックス型のお札、箱大麻だった。どちらも年季の入った時代物であることは間違いない。

「お札は毎年お焚《た》き上げするものなので、古い物が残っていること自体、奇跡的なことなんですよ」

徴古館で「お払い箱」の由来を学んだ。

かつて御師が、毎年暮れに全国各地の檀家《だんか》を訪ねて、お札を配った。

井原西鶴《いはらさいかく》の『世間胸算用《せけんむなざんよう》』には、ご隠居が、「毎年、太夫殿《たゆうどの》（御師）から、御祓箱《おはらいばこ》に、鰹節一連《れん》、はらや（白粉《おしろい》）一箱、折り本の暦《こよみ》（伊勢暦）、正真《しょうしん》の青海苔《のり》五把《わ》」などを受け取って、引き換えに、初穂料として銀三匁《もんめ》を御師に渡したとある。有力者には特別に、木箱入りの立派な箱大麻と、あわせて翌年の暦や、伊勢の名産品詰め合わせセットが届けられたようだ。

その際、新しいお札と交換に、古いお札を御師に渡す。供養のお焚き上げをしてもらうためである。すると手元に、去年もらった御祓箱（筆者注——以下、お札に敬意を表して「御祓箱」と表記する）が一つ残ることになる。毎年のことだし、とっておいたらキリがない。邪魔になるし、無用の長物だ。

そんなところから、いつの頃からか不用な物を捨てる「お払い」という言葉と、「お祓い」をかけて、いらなくなったものを処分することを「お払い箱」と呼ぶようになった。

ありがたい御祓箱が、まさか邪魔物あつかいされるとは……。

そのことの是非はともかく、語源ハンターとしては、「お払い箱」という言葉の由来となった元祖「御祓箱」の実物を、どうしても見てみたいという願いは消えない。

がしかし残念ながら、神宮徴古館にもそれはなかった。もはやこれまでか……。

創業二七〇年、徳川家や皇族方も泊まった二見浦の老舗「朝日館」に宿を取り、伊勢湾に沈む夕陽を眺めながら、御師の館の料理を再現した「御師の御膳」に箸をのばす。

御師が配った御祓箱はいずこに……。未練を残しつつも、いったん東京へ戻ることに。

ところが、思いは通じるものだ。後日、神宮から信じられない連絡があった。その後の内部調査で、江戸時代の「御祓箱」が発見されたというのだ。

一も二もなく、嬉々《きき》として再びお伊勢さんに馳《は》せ参じた。

指定された場所は、内宮と外宮を結ぶ旧参宮街道のほぼ中間地点、高台にある神宮司庁頒《はん》布《ぷ》部大麻《たいま》奉製《ほうせい》課だった。神宮のお札を製造しているところだという。

ここに、近年になっておそらく蔵のなかからでも出てきたのだろう、信者さんから奉納された江戸時代の箱大麻と、その容《い》れ物である木箱、まさに正真正銘の御祓箱が、史料として保管されていた。

ついに、御祓箱の現物とご対面する。

それはワインボトルが一本入りそうなサイズだ。色は、経年変化による変色と思われる、煤《すす》けたようにくすんだ焦げ茶色。桐《きり》だろうか杉だろうか、表面にうっすら木目が見える。

よくぞ今まで、それこそお払い箱になって捨てられたりせずに残っていたものだ。

蓋《ふた》を開けると中に、箱大麻がすっぽり収められている。

墨で「一万度御祓大麻　御師　橋村肥前太夫」とある。

その名前から、肥前《ひぜん》長崎のあたりを中心に活躍していた御師が配った物だと推測できる。

ということは、この御祓箱の元々の持ち主も、長崎方面の裕福な家にちがいない。

緊張してカメラを構える。シャッターを押す。ようやく出会えた。

いちばん右にあるのが元祖「御祓箱」。中には、箱形のお札「箱大麻」（中央）が入っていた。左は庶民向けの「剣先形お札」

知る限りおそらくこれが世界初公開！「お払い箱」という言葉の由来となった元祖「御祓箱」の実物写真である。神宮関係の皆さんのご協力に改めて感謝したい。


さて、「お払い箱」の語源ハンティングのみやげにぴったりの名物がある。お多福《たふく》印がトレードマークになっている岩戸屋《いわとや》の「生姜糖《しょうがとう》」だ。

生姜糖は古来、神宮のお供え物として用いられていたもので、御師の館のごちそうにも使われていた。日持ちがするので、のちに伊勢みやげとし

箱がお札形の岩戸屋「生姜糖」

ても重宝されるようになった。

生姜のすりおろし汁と砂糖を合わせて煮詰め、剣先の形をしている神宮のお札を模した型に流し込んで作る。生姜と砂糖だけを使った白色の生姜糖のほかに、紅色（ニッキ）、緑色（抹茶）、あずき色（小豆）がある。

で、この生姜糖、食べたあとにちょっとした問題が生じる。というのも、容れ物の箱もまたお札の形をしているため、すべて食べ終えたあとに、もう用済みだからと空き箱をお払い箱にして捨てるのが、どうにもこうにもしのびないのだ。

形には不思議な力がある。

うだつが上《あ》がらない

徳島県

出世ができない。身分がぱっとしない。（広辞苑）

今回の語源ハンティング、テーマは「うだつが上がらない」だ。いつまでも出世できなかったり、パッとしないことをいう言葉で、ふだんよく使われている。

事前調査により、旅するエリアは徳島県美馬《みま》市、脇町《わきまち》の界隈《かいわい》に狙いを定めた。

脇町は、語源の旅ではすっかりおなじみの「国の重要伝統的建造物群保存地区」(通称、重伝建《じゅうでんけん》)に選定されていて、「うだつが上がらない」どころかその正反対、「うだつが上がる町」として全国にその名をとどろかせている。

どうやら噂によると、町のいたるところで、うだつが上がっているらしいのだ。

ということで緊急指令、脇町で「うだつ」の正体をさぐれ!

徳島駅から、清流吉野川《よしのがわ》のリバーサイドをいくJR徳島線「よしの川ブルーライン」に乗り込み、脇町の玄関口、穴吹《あなぶき》駅で下車。駅前で「うだつタクシー」を拾う。

うだつタクシーとは、文字どおりうだつが上がりそうで縁起がいい。

五、六キロ走って、脇町南町通りの入り口あたりで車をおりる。目印は、脇町劇場オデオン座だ。

オデオン座は、花道や回り舞台、奈落《ならく》がある昭和初期に建てられた芝居小屋で、全盛期には喜劇王のエノケンもやってきた。戦後は歌謡ショーの公演でにぎわい、美空《みそら》ひばりがステージに立ったこともある。

やがて映画館にくら替えしたあとに、建物の老朽化で閉館。が、平成八（一九九六）年公開の松竹映画『虹をつかむ男』（監督・山田洋次、主演・西田敏行）のロケ地になったことをきっかけに、昭和の建築が完全に修復再現された。現在は、観光客の見学も大歓迎の、町の公民館的ランドマークとなっている。

うだつストリートの玄関口、オデオン座

ここでまず、平成から昭和に時計を巻き戻して、しばしの時間旅行。

「お兄さん、どちらから？」

と帰りぎわに受付で声をかけられたので、東京から「うだつ」の語源ハンティングにやってきたと答えると、

「それだったら、いい地図があるわよ！」

と、とっておきのうだつマップをわけてくれた。おまけにこれからいく道の歩き方までレクチャーしてくれた。ラッキーなことに彼女は、脇町のボランティアガイドでもあったの

「日本の道100選」に選ばれたうだつの町並み

だ。おかげで町の全体像が頭に入った。

さあそれでは、オデオン座前の小さな橋を渡って、いよいよ、うだつストリートに突入だ。

通りに一歩足を踏み入れて驚愕《きょうがく》した。

映画のセットのような町並みは、各地にけっこうある。がしかし、ここは別格かもしれない。「関の山」（133ページ～）の語源遺産で、やはり重伝建に指定されている旧東海道関宿《せきじゅく》の街並みといい勝負だ。

かつて『街道をゆく』の司馬遼太郎《しばりょうたろう》が、「阿波《あわ》のよさは、ひょっとすると脇町につきるのではないか」と書いたが、くやしいけれどその通りかもしれない。

「日本の道百選」にも選ばれている通りをすみからすみまで何度も往復して歩いてみたが、江戸期・明治期の白壁塗り、土蔵造りの重厚な商家が軒《のき》をつらね、本瓦《ほんかわら》ぶきの格調高い屋根には、デザインもさまざまな鬼瓦《おにがわら》がにらみをきかせていて迫力がある。

軒先に「うだつのあがる酒」と張り紙がしてあるのに誘われてふらっと立ち寄った正木《まさき》酒店は、寛政《かんせい》一二（一八〇〇）年の建築。通りで一番古い「国見《くにみ》家」は宝永《ほうえい》四（一七〇七）年、一軒おいて並びの「田村家」は宝永八（一七一一）年といずれも築三〇〇年クラス。

そう聞くと、そのすぐ隣り、寛政四（一七九二）年の「吉田家」が新しくさえ感じられるから不思議なものだ。

「うだつのあがる酒」を売っている正木酒店

全長四三〇メートル、うだつストリートのほぼ中央に位置するこの吉田家（屋号佐直《さなお》）は、阿波藍《あい》をあきなう脇町ナンバーワンの豪商だった家で、部屋数が二五ある屋敷や藍蔵《あいぐら》、離れが当時のままに保存公開されていて、どっぷりと江戸にひたることができる。

「阿波藍」とは、阿波（徳島）の特産品だったタデ科の一年生植物「タデ藍」のこと。

かつて、ふだん身につけている着物をはじめとする日本中の多くの木綿製品が、脇町から運び出される阿波藍を原料とする染料で藍色に染められていた。

怪奇文学『怪談』でおなじみ、ラフカディオ・ハーン（小泉八雲《こいずみやくも》）がはじめて日本にやってきたとき、「この国は神秘のブルーに満ちた国」だと表現したが、多くの外国人にとって、日本は「ジャパン・ブルー（藍色）」の国だった。

それを陰で演出していたのが阿波藍というわけだ。

脇町の藍商《あいしょう》たちは、屋敷の裏門から直接アクセスできる吉野川の水運を活かして財を築いた。江戸時代の商都番付《しょうとばんづけ》を見ると、脇町を中心とする阿波は、江戸、京都、大坂《おおさか》の三都をのぞく西の第三位に堂々ランクインしている。

道理で、うだつが上がるわけだ。

さて、その「うだつ」である。

通りを歩きながら家々の屋根を見上げると、あっちにもうだつ！　こっちにもうだつ！

うだつ！　うだつ！　うだつだらけだ。

町全体に江戸の重厚感を醸《かも》し出しているその大もとは、まるで小さな天守閣のような「うだつ」の存在だった。数えると、ストリート全体に「うだつ」がおよそ五〇個。

人気時代劇『水戸黄門』で、黄門様御一行も、このうだつに驚いている。

脇町でロケをした回のオープニングを、台本でちょっとご覧いただきたい。お付きの助さん格さんたちとの会話で、「うだつ」が何であるかを簡潔に紹介している。

《シーン1》　阿波・脇の町『卯建《うだつ》』通り
――『卯建』の上がった重厚な家々が軒を連ねている通りを、老公《ろうこう》、助《すけ》、格《かく》、お娟《えん》、千太《せんた》が来る。

老公「これは、これは……軒並み『卯建』が上がって、見事なものですな……（と感嘆の声で足を止める）」
千太「ちょ、ちょいと格さん、『卯建』って何ですか？」
格「あれだよ……（と屋根の『卯建』を示す）」
老公「火事の時の火除《ひよ》けの役目をする壁ですが、家が裕福になった証《あかし》に上げるとも言われているのです」
助「『卯建』が上がらない……そのくらい千太も知っているだろう」
千太「ええ……あの野郎は一生うだつが上がらねえ、なんてね」
お娟「ここにも一人いるじゃないの」

屋根の両端の壁面から突き出した防火壁が「うだつ」。お隣さんより少しでも高くうだつを上げたい！（中央写真）。いちばん下は「重層うだつ」

千太「ね、姐《ねえ》さん、そりゃないよ！」

——と、クサルところへ、阿波踊りのお囃子《はやし》と共に、踊りの連《れん》が練ってくる。

お娟「まァ、阿波踊り！」

（TBS『水戸黄門　対決！阿波踊り合戦』二〇〇五年一〇月一七日放送回台本より）

実は、水戸黄門も語源ハンターだったのかもしれない。

台本にもあるように、「うだつ」は「卯建」と書き、建築用語だ。

屋根の両端の壁面から突き出した漆喰《しっくい》塗りの袖壁《そでかべ》のことで、もともと火事が広がるのを防ぐために作られた防火壁である。今でいうと、マンションやアパートのベランダに隣りの家との仕切り板があるが、あれの親玉だと思えば間違いない。

「うだつ」に「卯建」と「卯」（うさぎ）の字があてられているのは、袖壁が屋根の左右にうさぎの耳のような形をして立っていることからとか、あるいは左右の袖壁が「卯」という字をまっぷたつに切って左右に押し広げたように見えるからともいわれている。

そうと聞いてあらためてうだつを眺めてみると、なるほどうさぎの耳のようにも見えるし、「卯」という漢字を左右に広げたようにも見えてくるから不思議だ。

そもそも防火壁としての「うだつ」は、中世末期に京都、奈良で誕生して、近畿を中心に東海地方などで広く見られ、たとえば和紙のふるさと美濃《みの》市も、うだつの町として名高い。

そんななかでも、四国徳島脇町のうだつは、独自に進化したうだつ界の出世頭《しゅっせがしら》だ。

脇町のうだつが独自の進化をとげたのには理由がある。

風が吹き抜ける地形のため、ひとたび火事が起きるとあっというまに延焼《えんしょう》し、大火事になる。実際、都合一〇回もの大火に見舞われている。そうしたこともあって脇町では、どこよりも防火壁としてのうだつが発達した。

さらに加えて、阿波藍で財を成《な》した裕福な商家が、競って立派なうだつを上げた家を建て、やがてうだつは、「富」や「成功」のシンボルとなっていく。

そこから逆に、うだつのある家を建てるだけの甲斐性《かいしょう》がないことを、「うだつが上がらない」というようになったと考えられる。

参考までに、卯建の「卯」は、インドの仏教説話に由来する「火除けの守り神」だ。それはこんな話からきている。

あるとき、腹を空《す》かせた物乞《ものご》いのために、うさぎが、たきぎで火を燃やして、そのなかに飛び込んで自分を丸焼きにして食べてもらおうとした。

物乞いは実は守護神、帝釈天《たいしやくてん》の仮の姿。

自分の命を犠牲にしてまでも善行《ぜんこう》をほどこそうとするその姿に感動した帝釈天は、うさぎが飛び込んだ炎を「冷たい火」に変えて、うさぎを救って称《たた》えた。

そこから、うさぎ（卯）は、火を鎮《しず》める縁起物とされるようになったという。

防火壁の「卯建」の背景には、そんな物語がひそんでいた。

さて、「うだつが上がらない」の語源に関して、もう一つ面白い話を聞いた。

「本当はね、うだつは夜這《よば》い防止の壁なんだよ」

おっと、これはいきなり新説登場だ。

艶《つや》っぽい語源説を教えてくれたのは、正木酒店の向かいにある「白川写真場」の白川一弘《しらかわかずひろ》さんだ。話のついでに一代記もたっぷり聞かせてもらったが、白川さんは工事現場の記録写真から空中写真まで、その道ひと筋六〇年。戦後、進駐軍の基地で潜水艦の機密写真を撮っていたこともあるという腕利きのベテランカメラマンである。

「うだつ」の衝撃の事実を語ってくれた、白川写真場の白川一弘さん

語源ハンターだと名乗ると、

「つまりそれは民俗学だね」

とうれしい過大評価をしてくれたうえで、とっておきの話を披露してくれた。

「脇町では商家のせがれが年ごろになると、家を建てて嫁取りの準備をする。繁盛しているところは立派なうだつ付きの家を建てて、お嫁さん募集中であることをみんなにアピールする。うちはうだつが上がるちゃんとした家ですよ。お嫁さんを困らせたりはしませんよ。それにうだつがあると、間男《まおとこ》の夜這いも防げるし、どうか安心してお嬢さんをうちのお嫁さんにくださいな。うだつの上がらない家だとうっかり嫁に出せないでしょうから。その点、うちは大丈夫です。どこかにいいお嬢さんはいませんか。いたらうちの息子のお嫁さんにぜひ！　とね」

なるほど、うだつが上がらないとお嫁さんももらえないのは、今も昔も同じかもしれない。

ところで、脇町には古くからの建築のほかにも、図書館や中学校、郵便局や銀行、ショッ

脇町のいたるところに「うだつ」が（上から、脇町中学校、吉野川にかかる穴吹橋、うだつタクシー）

ピングセンターにいたるまで、町づくりの一環としてうだつをデザインした現代建築が数多く見られるが、セレモニーホール（葬祭場）にまでうだつがあってびっくりした。あの世にいくときは、みんな等しくうだつが上がる、ということだろうか。

さて、その「うだつ」を、なんと東京でも見ることができる。

場所は新宿区西早稲田《にしわせだ》。

「うだつ食堂」の全部入り中華そば

リーガロイヤルホテル東京の向かいに、都内では珍しい徳島ラーメンの店「うだつ食堂」がある。店はビルの一階で、ビルから突き出した屋根の上に、うだつが上がっている。

昭和レトロな田舎の駅舎をイメージした店内には、脇町や阿波踊りなど徳島関係のポスターや、鉄道の時刻表がディスプレイされていて、ちょっとした旅の気分を味わうことができる。オーナーが徳島出身だそうだ。

名物の「全部入り中華そば」をオーダーすると、はんのり甘いキャラメル色のトンコツ醤油味スープに、柔らかめのもちもち麺。トッピングは、醤油で甘辛く煮込んだ豚バラ肉に、魚カツ、もやし、メンマ、ネギ、海苔《のり》、さらに半熟か生かを選べる卵がのっている。

何を隠そうこの店、実は「語源の旅」の出版企画を、光文社新書編集部の柿内芳文さんと最初にミーティングした記念すべき場所でもある。

さあさあ、うだつラーメンを食べて、うだつを上げよう！

うんともすんとも

熊本県

ほんの一言も。全くことばを言って来ないことをいう。

（広辞苑）

ＪＲ九州横断特急で、熊本の小京都、人吉《ひとよし》をめざす。「うんともすんとも」の語源遺産を訪ねる旅だ。

平成一六（二〇〇四）年に登場した九州横断特急は、別府、大分から阿蘇《あそ》を経て、熊本、八代《やつしろ》を抜けて肥薩《ひさつ》線に入り、人吉へとたどりつく。なかでも、八代から人吉までは、日本三大急流の一つ、球磨川《くまがわ》に沿って走る絶景リバーサイド鉄道だ。

横断特急といっても二両編成のローカル線だが、ウッディなインテリアは高級感があり、さながらヨーロッパを列車で旅する気分。絶景ポイントにさしかかるとスピードを落として、検札や車内販売を担当しているアテンダントの女性が、アナウンスで風景を解説してくれる。

名物の駅弁「鮎《あゆ》ずし」に舌鼓《したつづみ》を打ちながら車窓を眺め、山ひだを縫《ぬ》い、いくつものトンネルを抜ける。そうこうするうちに、突如として目の前に山里が広がる。司馬遼太郎《しばりようたろう》が「日本でいちばん豊かな隠れ里」と呼んだ湯けむりの城下町、霧の都、人吉である。

さて、そもそも「うんともすんとも」は、ひと言も反応がない、あるいは返事もできない、どうにもこうにも行き詰まった様子をあらわす表現だ。

「すん」は、「うん」をより強調するための語呂合わせと考えられている。

ところがそうした通説とは別に、面白い語源説を見つけてしまった。

たとえば『日本国語大辞典』（通称、日国《にっこく》）によると、「うんともすんとも」は、江戸時代、ポルトガル語で「ウン」は「一《いち》」、「スン」は「最高点」を意味する「ウンスンカルタ」が流行していたことに由来するというのだ。

人吉盆地を流れる球磨川（人吉城址から撮影）

だが、これだけでは何のことかよくわからない。ウンが一で、スンが最高点だというウンスンカルタというカードゲームと、「うんともすんとも」の関係がいまひとつ見えてこない。

だったらウンスンカルタを体験してみるしかない！

調べてみると、日本でただ一ヵ所、ウンスンカルタが今も伝わっている土地があることがわかった。それが人吉だ。

ということで、「うんともすんとも」の謎を探るべく、語源ハンターが旅をする。

球磨川下りの最寄り駅でもある人吉駅に着くと、駅前に人力車が出迎えてくれた。

国宝・青井阿蘇神社の楼門

半纏《はんてん》に地下足袋《じかたび》姿の車夫《しゃふ》は、一宿一飯《いっしゅくいっぱん》お世話になる旅館「丸恵《まるえ》本館」の若き主人、馴田崇晴《なれたたかはる》さんだ。人吉の名所旧跡に寄り道してもらいながら、今回の語源遺産地区の中心部にある宿に向かう。

まずは、二〇〇八年に熊本県初の国宝に指定された、一二〇〇年以上の歴史がある青井阿蘇《あおいあそ》神社に参拝。色彩あふれる楼門《ろうもん》ほか、社殿は四〇〇年前の建築でみごとだ。

次に、通称幽霊寺こと永国寺《えいこくじ》に寄り、幽霊を描いた掛け軸に背筋をぞくぞくっと凍らせる。

緑あふれる人吉城公園でいったん人力車を降り、三の丸、二の丸、そして本丸跡に至る石段を息を切らせてのぼる。すると、東西に球磨川が貫《つらぬ》いている人吉盆地が一望できる。

人吉城は、鎌倉時代から明治の廃藩置県《はいはんちけん》まで、六七〇年間も肥後国《ひごのくに》球磨地方を治めた相良《さがら》氏の居城だった。人吉は地形的に周囲と隔絶していたため、独自の文化を築いた。

だからこそ、「うんともすんとも」の語源になったと思われる江戸期の「ウンスンカルタ」

が、今も脈々と残っているともいえる。

　小高い丘の上の人吉城址からおりて、球磨地方の清らかな地下水と肥後の米で作られる球磨焼酎の酒蔵をのぞいたら、いよいよ人力車は、「うんともすんとも」の語源遺産地区である鍛冶屋町《かじやまち》通りへ滑《すべ》りこんでいく。

　鍛冶屋町という名前からわかるとおり、そこは江戸時代に、人吉藩が鍛冶職人を集めたエリアだ。最盛期には六六軒が、刃物、農具、それに銃などを生産していた。今も、五〇〇年一七代続く「正光《まさみつ》刃物」が高らかに槌音《つちおと》を響かせている。

「立山商店」。店頭にウンスンカルタの碑がある

　ほかにも、昔ながらの天然もろみから自家製味噌や醤油を造っている「釜田《かまた》醸造所」の味噌・醤油蔵や、名産の人吉茶をあきなう老舗《しにせ》「立山《たてやま》商店」の茶の蔵が建ち並び、時代を感じさせる。

　人力車で街を案内してくれた若主人の宿「丸恵本館」は、茶の蔵のすぐ裏手にある。宿にいったん荷物を預け、お茶を焙《ほう》じる香りに誘われるようにあらためて立山商店を訪ね

「ウンスンカルタの家」と保存会会長の立山茂さん

ることに。

　というのも実は、日本茶インストラクター（通称、茶《ちゃ》ムリエ）の草分けでもあるこの店の当代、立山《たてやま》茂《しげる》さんこそが、鍛冶屋町通りの街並み保存と、そして熊本県の重要無形民俗文化財にも指定されている「ウンスンカルタ」保存のリーダー格なのだ。

　茶舗の向かいに「ウンスンカルタの家」がある。

　大人も子供も自由に出入りできるウンスンカルタのサロンのようなスペースで、定期的に稽古会が開かれているという。囲碁サロンや将棋道場といったものがあるが、あれのウンスンカルタ版で、関連の資料なども展示されている。

　ここでいよいよ、うんともすんともの語源、ウンスンカルタの実物とご対面だ。

　ウンスンカルタは、花札よりひと回り大きなカードだった。カードは一組七五枚。

ウンスンカルタの札

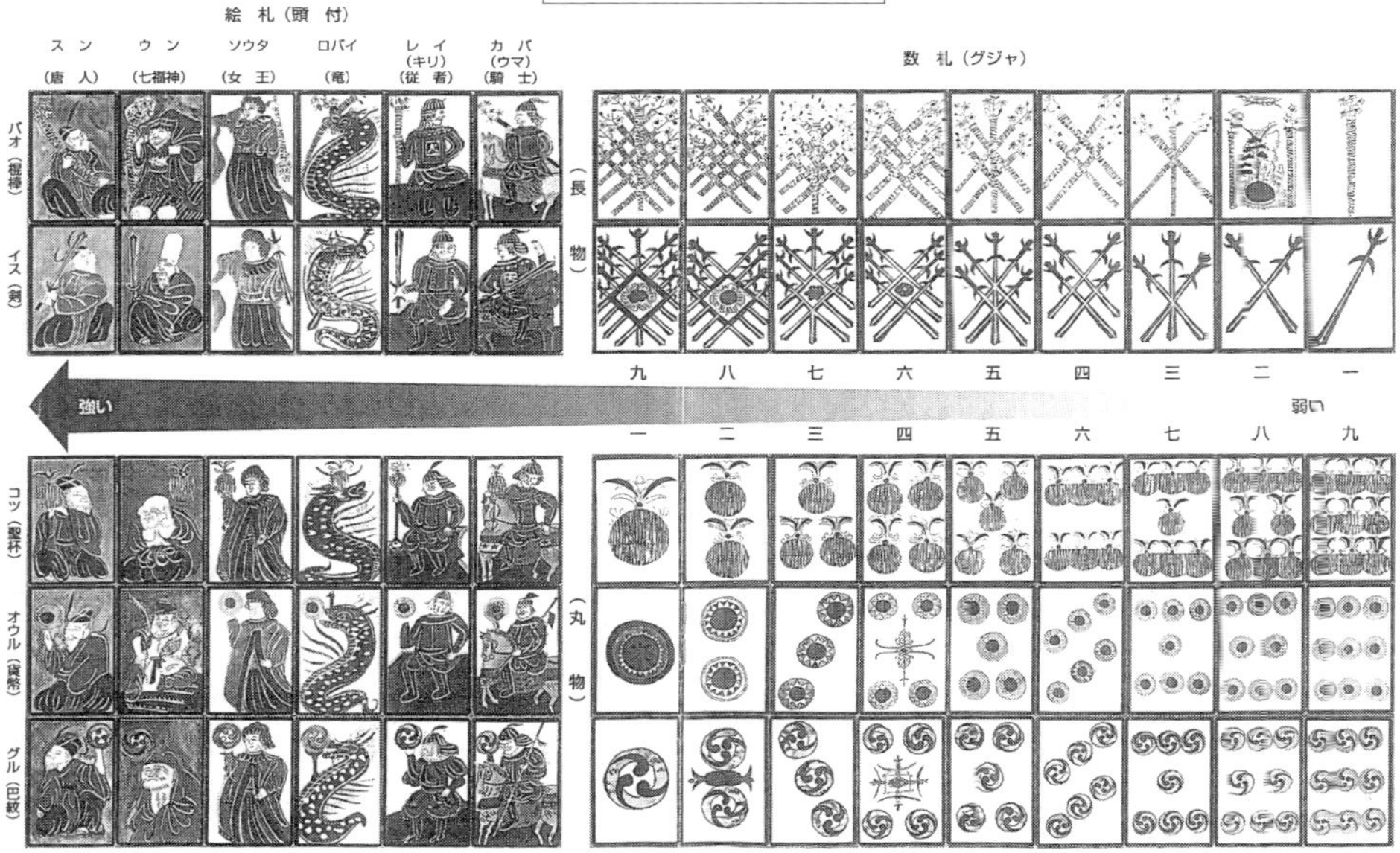
絵札（頭付）
スン（唐人）
ウン（七福神）
ソウタ（女王）
ロバイ（竜）
レイ（キリ）（従者）
カバ（ウマ）（騎士）
数札（グジャ）
パオ（棍棒）
イス（剣）
（長物）
コツ（聖杯）
オウル（貨幣）
グル（巴紋）
（丸物）
九 八 七 六 五 四 三 二 一
一 二 三 四 五 六 七 八 九
強い
弱い

現在一般的ないわゆる「トランプ」は、ご存じのとおり四種類のマーク（スペード、ハート、ダイヤ、クラブ）が各一三枚ずつで、ワンセット合計五二枚。

これに対して「ウンスンカルタ」は、マークが一つ多い五種類（パオ＝棍棒《こんぼう》、イス＝剣《けん》、コツ＝聖杯《せいはい》、オウル＝貨幣、グル＝巴紋《ともえもん》）で、それぞれが一五枚ずつあって合計七五枚。

「カルタ」とは、もともとポルトガル語でカード、カードゲームのこと。

日本には、一六世紀のなかば、外国船によってもたらされ、やがて和風にアレンジされた「天正《てんしょう》カルタ」や「ウンスンカルタ」に変化していき、江戸期に大流行した。

「ピン（一）からキリ（おしまい）まで」「一《いち》か八《ばち》か」「四《し》の五《ご》のいわずに」といった言葉もカルタに由来するといわれている。

ウンスンカルタとほかのカードとの決定的なちがいは、「ウン」と「スン」というカードが新たに付け加えられた点だ。これが「ウンスンカルタ」というネーミングにつながった。

一世を風靡《ふうび》したウンスンカルタは、射幸心《しゃこうしん》を煽《あお》るギャンブルとして人心を惑わせるという理由で、幕府は賭博《とばく》禁止令を出して取り締まった。

そのためウンスンカルタは、次第に歴史の表舞台から消えていくことになるのである。

ところがそのウンスンカルタが、奇跡的に人吉にだけ生き残ることになった。

それはやはり、人吉が地形的に周囲と隔絶していて独自の文化圏を築いていたことが大きい。主に鍛冶職人のあいだで気晴らしの遊興《ゆうきょう》となっていたようだ。実は殿様や重臣《じゅうしん》たちも熱中していたという話もある。

その人吉でも、一時期、ウンスンカルタは絶滅の危機に瀕《ひん》していた。だが、カルタを街づくりの中心にすえた保存会の熱心な活動によってよみがえり、現在では年に一度一〇月に、鍛冶屋町通りで全国から参加者がつどう競技会が開催されるまでに復活している。

大会には、ウンスンカルタ・マニアの直木賞作家、京極夏彦《きょうごくなつひこ》や、カルタ発祥の地、ポルトガルの駐日大使まで駆けつけるという発展ぶりだ。

人吉の街の歩道にもウンスンカルタが……

では、そのウンスンカルタとは、いったいどんなルールで遊ばれるカードゲームなのだろう。そして、語源ハンターとしてもっとも知りたい最大の謎は、「うんともすんとも」との関連だ。

百聞は一見にしかず。

ウンスンカルタに熱中する人吉東小学校の子供たち

たまたまこの日、地元の人吉東小学校で、子供たちがクラブ活動の一環としてウンスンカルタをプレイするという。そこで急きょ、学校に許可をもらって見学をさせてもらうことに。

このクラブ活動は、「全国でただ一カ所、人吉にだけ残っているウンスンカルタを通じて、地元の伝統文化への関心を深め、郷土愛をはぐくんでほしい。自分が生まれた町に誇りを持ってもらいたい」という人吉青年会議所の熱い思いと働きかけで実現したものだ。

では、子供たちのカードプレイぶりを見てみよう。

ウンスンカルタは、四人一組、二チームの団体戦だ。中央に丸い座布団を敷いて、そのまわりに八人が敵味方交互に車座《くるまさ》になってすわる。よく切ったカードを全員に九枚ずつ配ったらゲーム開始だ。右回りに一人ずつ順番にカードを出していって、一周した時点でいちばん強いカードを出した人が勝者となり、その場に出たカードを全部もらう。そして、その勝者が属しているチームが、勝ち点をワンポイント獲得する。

これをくり返して、最終的に勝ち点の多いチームが戦いを制することになる。

カード七五枚には強弱があり、絵札のなかでも「ウン」、そして「スン」が最強。ところがその強弱がケースバイケースで変化したり、意外とルールは複雑だ。

敵の手の内はもちろん、味方の持ち札まで推理しながらゲームを進めていく。

と聞くと、なかなかやっかいそうだが、子供たちの呑《の》みこみは恐ろしく早く、青年会議所が派遣している指導員もほとんど出番がないほど、ゲームはスピーディーに展開していく。

毎年一〇月の大会では、大人よりも子供チームの活躍がめざましいと聞いた。

さてここで、子供たちのカードプレイを観察していて重大なことに気が付いた。

「うんともすんとも」の語源として、日本国語大辞典に、「ウン」は「一」、「スン」は「最高点」を意味するウンスンカルタに由来するという説が掲載されていることを先に紹介したが、これが全然ちがったのだ。

実際のウンスンカルタで、「ウン」は「一」ではなく、強力な「絵札」だった。　は一でちゃんと別のカードがある。

さてこれはどうしたものかと困惑した。

だがしばらく子供たちの様子を見ていて、「うんともすんとも」と「ウンスンカルタ」とのあいだにどのような関係があるのか、その答えが見えてきた。

それはこういうことだ。

「ポーカーフェイス」という言葉がある。カードゲームは、手札に一喜一憂していたら勝負にならない。相手に手の内を知られては勝てる勝負も勝てない。どんなカードが配られようが、いつも同じ表情で、敵に何かを悟られてはいけない。

学生時代、カードゲームの王様といわれるコントラクトブリッジ部に所属して、学業そっちのけで各種大会に参戦していた経験から、それだけは自信を持っていえる。

「ウンスンカルタ」も同じだ。

配られた自分の手札に、「ウン」や「スン」といった強力なカードがあるのかないのか敵に悟られないよう、表情一つ変えずに「ウンともスンとも」いわず、ポーカーフェイスで勝負に挑むこと、これが勝利の秘訣《ひけつ》だ。

そう、「うんともすんとも」は、そもそもポーカーフェイスのことである。

それしかない!

　さてさて、語源の謎を解き、勝負に熱くなって小腹が空いたら、鍛冶屋町通りに、町家を改造したフレンチ「西洋食堂ブラッスリー SATOSHI《サトシ》」がある。

　名物「鍛冶屋町カレー」のルーは、立山商店のお茶をベースに、どくだみ、またたび、くこの実、ウコンなどで出汁《だし》をとり、釜田醸造所の自家製味噌や醤油が入った深みのある味わいだ。

　店内にディスプレーされている、ウンスンカルタをモチーフにデザインされた楊枝《ようじ》ケースは、地元中学生の作品だそうだ。

「SATOSHI」名物の鍛冶屋町カレーと、ウンスンカルタをデザインした楊枝ケース

　語源みやげは、人吉茶の立山商店でウンスンカルタ一式を購入できる。ぜひ一つ買い求めて、「うんともすんとも」いわずにプレイしてみてほしい。

火《ひ》ぶたを切《き》る

愛知県

火蓋《ひぶた》を開けて、発火の用意をする。発砲する。転じて、戦闘行動を開始する。戦端を開く。

（広辞苑）

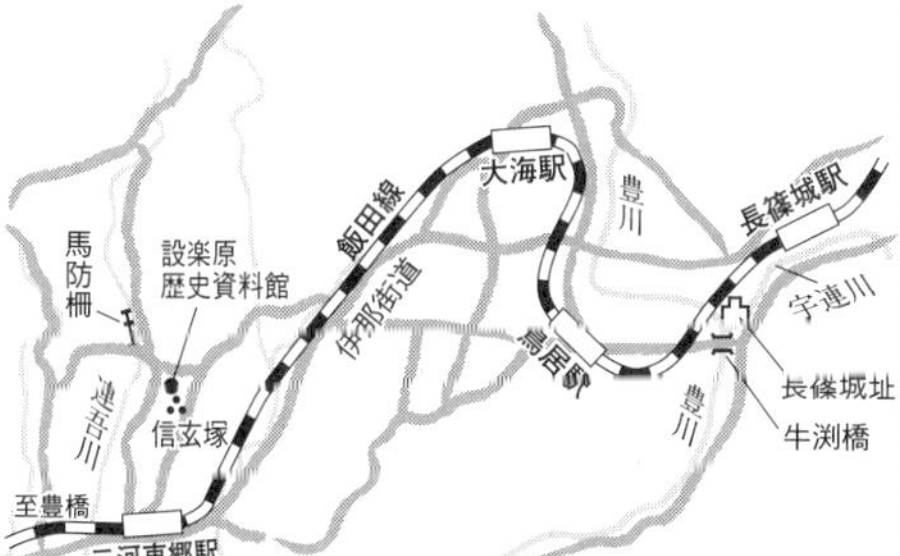

テレビの放送でうっかり「いよいよ選挙戦の火ぶたが切って落とされました」などといおうものなら、待ってましたとばかりに視聴者から「言葉の使い方が間違っている」とお叱《しか》りの電話がかかってくる。

「火ぶた」は「切る」もので「落とす」ものではない、似たような表現の「幕を切って落とす」とごちゃまぜになった誤用であってけしからんという指摘だ。

たしかに、テレビ局や新聞社の『用字用語集』のたぐいをチェックすると、「戦いの火ぶたが切って落とされる」は間違いで、「戦いの火ぶたが切られる」、あるいは「戦いの幕が切って落とされる」などに言い換えましょうということになっている。

でも、そうはいわれても、そもそも「火ぶた」とは何なのか、それを「切る」とはどういうことなのか、この目で実際に見てみないことにはどうも合点《がてん》がいかない。

ということで勝手にテレビ界を代表して、長年抱いていた「火ぶたは切るのか、落とすのか」という疑問を解決すべく、語源ハンティングの旅に出ることに。

東海道新幹線の豊橋《とよはし》駅からＪＲ飯田《いいだ》線に乗りつぎ、長篠《ながしの》城（愛知県新城《しんしろ》市）をめざす。

そこは、言わずと知れた日本の歴史のターニングポイントになった「長篠の戦い（長篠・

設楽原《したらがはら》の戦い)」の舞台だ。

日本ではじめて集団銃撃戦がくり広げられたこの戦いの合戦場こそが、「火ぶたを切る」という言葉の語源遺産地区なのだ。

では、いざ出陣！

飯田線に、そのものズバリ「長篠城駅」があるが、その一つ手前、無人の鳥居《とりい》駅で下車。今も点在する武将たちの墓や追悼《ついとう》の碑を眺めながら、のどかな田舎道を道なりに東へ一〇分ほど歩く。

すると、昭和初年に建造されたアーチの鉄橋、牛渕橋《うしぶち》にさしかかる。

橋の中央で立ち止まり左手を望むと、豊川《とよがわ》（当時は寒狭《かんさ》川《がわ》）と宇連川《うれがわ》（当時は三輪川《みわがわ》）が合流する地点に、川の流れに刻まれた断崖が眼前に迫ってくる。

ついにやってきた。

かつてこの山あいの断崖に、二本の川を堀に見たてた長篠城という小さな城があった。

川が合流するこのあたりに長篠城があった

そしてその長篠城をめぐって、織田信長・徳川家康の連合軍と、甲斐《かい》の国（山梨）から攻めてきた「風林火山」武田勝頼《かつより》軍が激突した。

ここで歴史的な「火ぶたを切る」が登場する。

「火ぶたを切れ！」（撃ち方用意！）

「放《はな》て！」（撃て！）

時は天正《てんしょう》三（一五七五）年、梅雨のあいまのカラリと晴れた旧暦五月二一日の卯《う》の刻《こく》、午前六時。決戦場となったのは、長篠城の西方にひろがる設楽原。

当時最強と恐れられていた武田軍の騎馬隊は一万五千騎。

迎え撃つ織田・徳川の連合軍は、足軽《あしがる》中心に三万八千。

日本の歴史の分岐点となったこの戦いで勝利を収めたのは、ご存じのとおり、織田・徳川の連合軍だった。

これをもって信長は天下統一への足場を固め、それはやがて徳川幕府へとつながっていくことになるわけだが、戦国最強の騎馬隊を打ち破る決め手となったのは他でもない、そう、信長が全国からかき集めた三千挺《ちょう》もの「火縄銃《ひなわじゅう》」だった。

では、「火ぶたを切る」の語源遺産である決戦場に移動することにしよう。

牛渕橋から長篠城址を眺め、本丸跡の一角に建っている史跡保存館を見学したら、その先にある長篠城駅まで歩き、上り電車で三つ戻って三河東郷《みかわとうごう》駅で下車、徒歩で設楽原へ向かう。

この日は、毎年七月上旬に開催される「設楽原決戦場まつり」の当日。戦いに敗れた武田家の末裔《まつえい》も列席するなか、設楽原の丘にある「信玄塚《しんげんづか》」で供養の経が読まれ、四〇〇年以上も昔の戦没者を慰霊する。

長篠・設楽原の戦いでは、武田軍一万、連合軍六千、双方あわせて一万六千人の命が失われた。それもたった一日、早朝から一〇時間足らずの戦闘でだ。

近隣へ避難してじっと息をひそめていた村人たちは、戦いが終わると村に戻り、おびただしい死者の亡骸《なきがら》をねんごろに葬《ほうむ》った。その共同墓地が「信玄塚」だ。

現在、この七月の決戦場まつりのほかにも、毎年八月一五日の夜に、大松明《おおたいまつ》を勇壮に打ち振って戦死者の霊を供養する「火おんどり」という伝統の火祭りもおこなわれている。

四〇〇年連綿《れんめん》とつづく慰霊の祭りがあると知り、長い歴史があっての現在であり、そして自分なのだとあらためて気が付かされる。

さてその法要に、火縄銃を抱えた鎧兜《よろいかぶと》姿の武将約三〇人が列席していた。読経《どきょう》の声に

武者行列が設楽原決戦場へ向かう

呼ばれて武将たちの亡霊が四〇〇年前からよみがえったのかと思わせる光景だ。過去と現在が交錯《こうさく》する。

彼らは全員、地元「長篠・設楽原鉄砲隊」の隊員だ。信玄塚のすぐ脇に、火縄銃の博物館ともいえる設楽原歴史資料館があり、そこを根城《ねじろ》に活動している。

メンバーは、元警察官から俳人まで経歴はさまざまで、鎧兜も火縄銃もすべて自前。各地の祭りやイベントで火縄銃の実演デモンストレーションを行うときのために、定期的に集まって鍛錬《たんれん》している。

彼らがいるおかげで、今もリアルに「火ぶたを切る」シーンを目撃することができるというわけだ。

さて法要のあと、武者行列が決戦場へ向かう。そしてそのあとを、戦国武士に扮《ふん》した地元小学生数百人がつづく。これから長篠の戦いが再現される。

決戦場のあたりは、今は田んぼになっている。そこに、「設楽原をまもる会」によって

「馬防柵《ばぼうさく》」が復元されている。

武田軍を迎え撃つ織田・徳川連合軍がとった作戦はこうだ。

全長二キロにおよぶ丸太のフェンス、馬防柵を築いて、武田の騎馬隊をぎりぎり手前までおびきよせる。

騎馬隊が近づいてきたら、丸太と丸太のすきまから、このときのために全国から集めて用意していた三千挺の火縄銃で、敵軍に無数の銃弾を浴びせかける。

火縄銃はその構造から、一回発射すると次の弾《たま》を撃つまでに時間がかかる。その点を考慮に入れ、三千人の鉄砲隊が三列になり、交互に入れ替わって銃弾を絶え間なく敵に浴びせかける。これが世に名高い「三段撃ち」だ。

（上）再現された「馬防柵」
（下）長篠・設楽原鉄砲隊の演武

なかには、「三段撃ち」は実践的ではなく、あくまでフィクションの世界の戦法ではないかという解釈もあるようだが、設楽原をまもる会と長篠・設楽原鉄砲隊は共同で、「三段撃ち」が現実的にも可能だったことを、毎年の祭りのデモンストレーションで実験、検証しようとしている。いずれ答えが出ることだろう。

さて、この伝説的なバトルの、戦いの幕を切って落とした号令が「火ぶたを切れ！」だった。

日本の歴史のターニングポイントにもなった「長篠・設楽原の戦い」は、のちに長く軍記物として語られ、それがゆえに「火ぶたを切る」という戦国時代の戦闘用語が広く一般に知れわたることになったと考えられる。

ではいよいよ「火ぶたを切る」を目撃するとしよう。

祭りは、勇壮な決戦太鼓につづいて、地元小学生数百人が敵味方に分かれて合戦を再現。そしてクライマックスが、鉄砲隊による火縄銃の演武だ。

鉄砲隊の菅谷《すがや》哲也隊長に、特別に火縄銃の撃ち方をレクチャーしてもらった。

手順はこうだ。

①まず、銃を立てて、銃口から火薬を入れる。

②次に、その銃口から弾丸発射用の火薬と弾丸を入れて、カルカと呼ばれる長い木の棒で、銃身の奥までギュッと押し詰める。
③火皿を覆っている安全装置の「火ぶた」を開いて、火皿に点火用の火薬を盛る。
④安全のため、いったん火ぶたを閉じる。
⑤火のついた火縄を、火ばさみに挟《はさ》む。
⑥銃を構えて、敵を狙う。
⑦そして「火ぶたを切れ！」の号令で、いよいよ安全装置の火ぶたを「切る」。この場合の「切る」とは、「結びついているものや閉じているものを離したり、開けたりする」（『日本国語大辞典』）ときに使う「切る」だ。火ぶたを切る＝開くことで、いつでも火縄銃は発射可能な状態となる。けっしてまだ「撃て！」ではない。
⑧火ぶたを切ったら、再びターゲットにしっかり狙いを定める。
⑨「放て！」の号令で引き金を引く。
⑩引き金を引くと、火縄を挟んだ火ばさみが火皿に落ちて、火薬に点火する。
⑪火皿の火が、瞬時に小さな穴を通じて銃身のなかの弾丸発射用火薬に引火する。
⑫銃身のなかの発射用火薬が爆発して、弾丸が発射される。

菅谷哲也鉄砲隊隊長による発砲。①火ぶたを切る（開く）②引き金を引くと……③火ばさみに挟んだ火縄が落ちて火皿の火薬に点火、弾丸が発射される

「火ぶたを切れ！」

「放て！」

ドッカ――――ン！

火縄銃の発射音は、まるで大砲かと思うほど、大地をゆるがす、すさまじい轟音《ごうおん》だった。

射程距離は一〇〇メートル。

銃身が長い火縄銃の命中率は意外に高く、おまけに当たれば致命傷だ。また、命中しなくても、三千挺の火縄銃をひっきりなしに鳴り響かせることで、武田軍騎馬隊の馬たちは銃声に驚いてパニックに陥ったにちがいない。

日本の歴史の決定的瞬間をまのあたりにする貴重な経験をした。

とそのとき、ふと新たなる疑問が……。

手順⑦の「火ぶたを切る」は、安全装置の火ぶたを開いて発射の用意をするにすぎない。

火ぶたを切るだけでは、まだ戦いは始まらない。

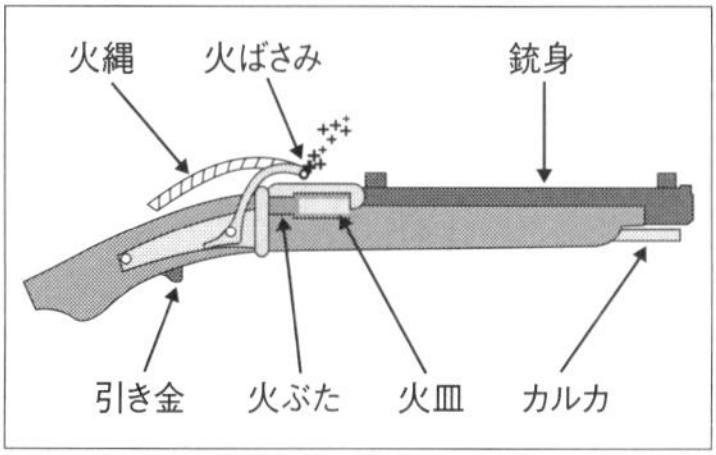

火縄銃の構造

安全装置の火ぶたを切ったら、そのあと引き金を引いて、火縄を挟んだ火ばさみが火皿に落ちてはじめて、弾丸が発射されて戦闘開始となる。

ということはだ。

冒頭の「戦いの火ぶたが切って落とされる」が、「火ぶたを切る」と「幕を切って落とす」をごっちゃにしたクレーム殺到の誤用だという話に戻るが、実はこれ、誤用でもなんでもなく、案外正解なのではないかと思えてきた。

なぜなら、安全装置の「火ぶたを切る」だけでは戦いは始まらない。引き金を引いて、火ばさみが火皿に落とされることで、はじめて弾丸が飛び出し、戦闘開始となる。そう、戦いが始まるには、火ばさみを落とす必要があるのだ。

つまり、これまで間違いだとされてきた「戦いの火ぶたが切って落とされる」という表現は、実は火縄銃のメカニズムを正確に理解して表現しているといえるのではないだろうか。

おー、これは我ながら世紀の大発見！

いつの日かきっとこの新解釈が、語源の定説となる日がやってくると確信する。


ところでまったくの余談だが、今回、「火ぶたを切る」の語源を訪ねる旅をしてくると妻に告げたところ、「火ぶたってチャーシュー？」ときた。「火ぶた」と聞いて「火蓋」ではなく「火豚」を思い浮かべるとは、なんと愉快なことか。

ちなみに決戦場まつりでは、「合戦《かっせん》むすび」がふるまわれた。

炊きたてのごはんに、八丁味噌を焼いて入れて固くにぎり、さらに両面に醬油を塗って火で炙《あぶ》った焼きおむすびだ。八丁味噌の地元、岡崎に城を持つ徳川家康が、長篠・設楽原の戦いで作らせたミリメシ（ミリタリー食・戦闘糧食）だそうだ。

のろま

新潟県

愚鈍なこと。気のきかないこと。動作や頭の働きが遅いこと。また、そういう人。

（広辞苑）

「おまえは、どじで、のろまなカメだ！」

「はいっ、教官、私は、どじで、のろまなカメです！」

これは、八〇年代の大ヒットドラマ『スチュワーデス物語』で、客室乗務員訓練センターの教官（風間杜夫《かざまもりお》）と訓練生（堀ちえみ）が交わす名台詞《めいぜりふ》。当時かなりの流行語となった。

「どじ」は相撲用語で、土俵の外に出て負けることを「土地《どじ》を踏む」といったことからとか、「とちる」が名詞化して「どじ」。あるいは、遅くてにぶい、機転がきかないことをいう「遅《ち》鈍《どん》」が逆さになって「どち→どじ」など諸説いわれている。

では「のろま」とはいったい何のことだろうと、広辞苑を引いてみて驚いた。

漢字で「鈍間」、あるいは「野呂松」と書くらしい。

「鈍間」は、鈍《のろ》くて、間《ま》抜けだろう。「野呂松」は、想像もつかない。

ところが広辞苑はそのすぐあとに、「野呂松」の謎についてちゃんと答えを用意している。

まず「のろま」とは「のろま人形」の略であると解説したあとに、さらにつづけて「のろま人形」という項目を設《もう》けて、それについてイラストまで添《そ》えてこんな解説をしている。


のろま・にんぎょう【鈍間人形・野呂松人形】

一六七〇年（寛文《かんぶん》一〇）頃江戸の野呂松勘兵衛《のろまつかんべえ》がつかい始めたという、青黒い変な顔をした道化人形。人形浄瑠璃《じょうるり》のあいだに間《あい》狂言を演じた。佐渡に現存。

つまり、「のろま」の語源「のろま人形」とは、野呂松勘兵衛があやつる道化人形のことだというのだ。「野呂松」（のろまつ）が「のろま」となり、それが今、佐渡にある。

そうと知ったら、のろのろしてはいられない。とにもかくにも佐渡へいこう！

お盆休みの八月一三日。

帰省客にまじって新潟港から佐渡汽船の高速水中翼船ジェットフォイルに乗りこみ、両津港《りょうつこう》まで約一時間の船旅。荒波を乗り越えて……と思ったら、ベタ凪《なぎ》のおだやかな日本海。

佐渡はじつに二〇年ぶり二度目の訪問となる。はるか遠く前回は、厳寒の一二月に、それこそ荒波を乗り越えて島に渡った。

当時担当していた番組で「地名の旅」を企画演出していたのだが、佐渡では賽《さい》の河原がある「願《ねがい》」という小さな漁村を訪ねて、ディズニーの名曲『星に願いを』を流しながら人々の「願い」を聞いた。

人間そっくりのロボットが見事に能を演じる

ほかには、「美女」「十八才」「打出小槌」「接待」「繁昌」「海外」「日本国」「風呂」「休息」「読書」といった地名を地図で見つけては喜んで全国を旅をしていた。何年たっても変わらず同じようなことをやってるなと、我ながら少々おかしくなる。

そうこうするうちに佐渡島《さどがしま》に到着。

両津港に船が着くと、標高一〇〇〇メートル級の山並みと、そして巨大な能面のタワーが目に飛び込んでくる。

そう、佐渡は芸能の島、能楽《のうがく》の里。

能の大成者である世阿弥《ぜあみ》が流された地ということもあるし、それに加えて、江戸時代の佐渡奉行《ぶぎょう》が、奈良から能楽師たちをひきつれてこの地に赴任《ふにん》したことが大きい。

当時は二〇〇以上、今でも三〇以上の能舞台が残されていて、これほどまでに庶民の生活に能が浸透しているところはめずらしい。

なかには、ロボットが舞っている常設の舞台もある。

両津港から車で五分、時間調整のあいまに立ち寄った道の駅「芸能とトキの里」にある

「能楽館」では、ハイテク制御のロボット一八体が、檜《ひのき》造りの本格的な能舞台で『道成寺《どうじょうじ》』を演じていて驚かされた。


さて、問題は「のろま」だ。

事前調査によると「のろま人形」は、翌八月一四日の昼に、島の中央部に位置する旧新穂《にいぼ》村の夏祭りで演じられるという。それで余裕をもって前日に現地入りしたというわけだ。

ということでこの日は、島内の関連スポットをめぐることに。

路線バスを乗り継いで一時間。島の西部、ダイビングスポットとしても知られる真野《まの》湾を見下ろす高台に、「佐渡市真野自然活用村公社　ふれあいハウス潮津《しおづ》の里」がある。

ダイバーたちのベースキャンプにもなっているこの宿は、そば打ちや能面作りなどさまざまな体験ができる体験型宿泊施設としても人気だ。

そこに、広辞苑のイラストで見た、あの「のろま人形」があった！

イラストではサイズがわからなかったが、頭《かしら》が約五センチの小さな首人形だった。潮津の里では、この首人形の顔を描く絵付け体験ができる。

がしかし、よく聞くとこの人形は島の伝統芸能「のろま人形」そのものではなかった。

民芸品「のろま人形」と広辞苑の挿絵

支配人の志和《しわ》正美《まさみ》さんによると、もともとは元祖のろま人形をモデルにした戦前戦後に流行《はや》った民芸品だという。つまり早い話がみやげ物だ。本物は、ずっと大きいサイズだという。

広辞苑に掲載されているイラストを見て、これが「のろま」の語源、伝統芸能の「のろま人形」だと信じてしまう人もいるにちがいない。まぎらわしいので、次の版ではぜひ注釈を入れるか、本物ののろま人形のイラストに差し替えてほしいと岩波書店にリクエストしておこう。

さて、潮津の里をあとにして、海岸線にポツンとあるバス停で途方に暮れた。時刻表を見ると、次の便までずいぶんと時間がある。まあ、本番は明日だし、きょうはのんびりいこう。すぐ目の前に、青い空を映してきらきら輝く透き通った海がひろがっている。

シュノーケリングを楽しんでいる家族連れが一組。おだやかな水面をいくカヤックが三隻《せき》。目を凝《こ》らすと魚影の群れが見える。ひょっとして沖縄の海よりもきれいかもしれない。これは穴場だ。次は海を目的に来るのもわるくない。

と、しばらくぼーっとそんなことを考えながら海を眺めていたら、

「バスないでしょ。どこまでいくの?」

と、小学生の女の子を連れた若いお母さんが車を止めて声をかけてくれた。ラッキー!

若いころ海外で経験はあるが、この年になって国内では初めてのヒッチハイク。おまけに親切なその親子は、夏休みで時間はたっぷりあるからと観光案内までしてくれるという。

せっかくだからお言葉に甘えてと、いくつか観光スポットに寄ってもらいながら次の目的地まで乗せてもらうことに。

ジェンキンスさんはみやげ物屋の人気者だ（左は筆者）

同じ真野地区にある「佐渡歴史伝説館」では、佐渡にゆかりのある順徳《じゅんとく》天皇、日蓮聖人《にちれんしょうにん》、世阿弥《ぜあみ》の伝説を、ここでも等身大ロボットが再現するのを見て、島の歴史をざっとおさらい。併設されている売店で、北朝鮮拉致被害者、曽我ひとみさんのご主人、ジェンキンスさんが働いているというので一緒に記念撮影。
そのあと、曽我ひとみさん宅の前を通りながら、当初バスで向かう予定だった島唯一のリゾートホテル「シルバービレッジ

佐渡」で落としてもらった。旅のご縁《えん》に感謝だ。

シルバービレッジ佐渡は、網元《あみもと》直送のバイキングレストランが人気のスポット。だが、今回の目的はグルメではない。ここで「文弥《ぶんや》人形」を観劇することができると聞いてやってきた。

佐渡には、のろま人形のほかに、説経《せっきょう》人形、文弥人形のあわせて三つの人形芝居があり、いずれも国の重要無形民俗文化財となっている。シルバービレッジ佐渡には、そのうちの一つ、文弥人形の常設小屋があり、専属の交栄座《こうえいざ》が人形をあやつっている。

ここで、バイキングのついでに人形芝居でも見ていこうという団体客にまじって観劇した。演目は、安寿《あんじゅ》と厨子王《ずしおう》の哀しくも切ない物語『山椒大夫《さんしょうだゆう》・母子対面の場』。うっかりしていたが、この有名な親子愛の物語は、ほかでもない佐渡島が舞台だった。

さて、この日の泊まりの宿は、「のろま人形」が伝わる語源遺産エリアで、トキの保護センターもある旧新穂村の「民宿おはな」をとった。

「おはな」とは、のろま人形の登場人物の名前でもあり、先代のご主人がのろま人形の名人だったことから屋号になったという。

あいにく、お盆の行事で忙しく食事の準備ができないというので、おすすめのホルモン焼き「大衆食堂まきき」を紹介してもらい激安で極上の肉をたいらげ、「のろま」つながりで寄った「スナックのろま」では、じっくり煮込んだ名物カレーとボリュームたっぷりのステーキサンドをテイクアウトして、次の日にそなえる。

さあ、そして明けて翌八月一四日。いよいよ「のろま」の語源、「のろま人形」とご対面のときがやってきた。

ところが、朝から激しい雷雨。新穂の夏祭りは、まさかの中止と決定した。

佐渡まで来て、のろま人形を見ることができないのか……。

と一瞬焦ったが、幸い、のろま人形だけは、ＪＡ新穂支店のビルのなかで開催予定だったこともあり、ほかのすべてのイベントがキャンセルとなるなかで唯一予定通り行われることに。

開演時間になっても雷雨の影響で客足はまばらだ。

プログラムでは、説経人形と文弥人形の幕間《まくあい》に、のろま人形が登場して笑いをとる。

この日の演目は『五輪仏《ごりんぼとけ》』。

登場する人形は、とぼけたひょうきんな顔をしている主役の木之助《きのすけ》と、長者の下《しも》ノ長《ちょう》、仏師《ぶっし》、そして紅一点のお花《はな》。いずれの人形も江戸中期の作とされ、年季が入っている。

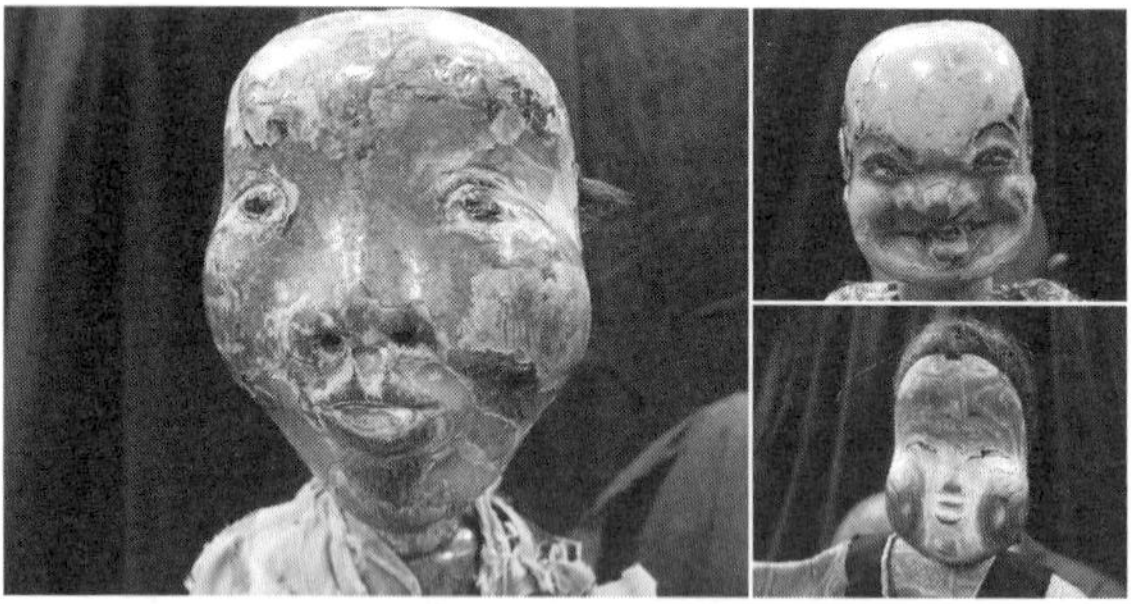

ミスターのろま人形・木之助（左）と（右上から）下ノ長、お花

『五輪仏』はこんな話だった。

木之助が、長者の下ノ長から、ご先祖さまを追善供養《ついぜんくよう》するための買い物を頼まれた。

ところが、まぬけでのろまでちょっと足りない木之助は、全然関係のないものばかりを買って帰る。

たとえば、七輪《しちりん》がほしいのに、値段が二厘《りん》安いからと五輪《りん》の卒塔婆《そとば》を買わされたり、くねんぼ（みかん）の代わりに、まるまる九年《くねん》近くも売れ残っているてんびん棒を買ったりと、まったく役に立たないったらありゃしない。

あまりのことに木之助は下ノ長にこっぴどく叱《しか》られるが、やがて言い争いになり、そしていつしかとっくみあいに。

しまいに木之助は、丸はだかにされて、放り出されてしまう。

しょぼんと落ち込む木之助……。

とそのとき何を思ったか、おもむろに股間《こかん》からイチモツを出して、客席に向かってシャーッと、勢いよくおしっこをひっかけてチャンチャン！　幕となる。

のろま人形では人形の遣《つか》い手が台詞もしゃべる。そのやりとりが佐渡弁まるだしで愉快この上ない。おまけに、ときおりアドリブで時事ネタをはさみこむものだから客は飽きない。人形の動きも、とぼけていて愛嬌《あいきょう》がある。まるで漫才のようだ。

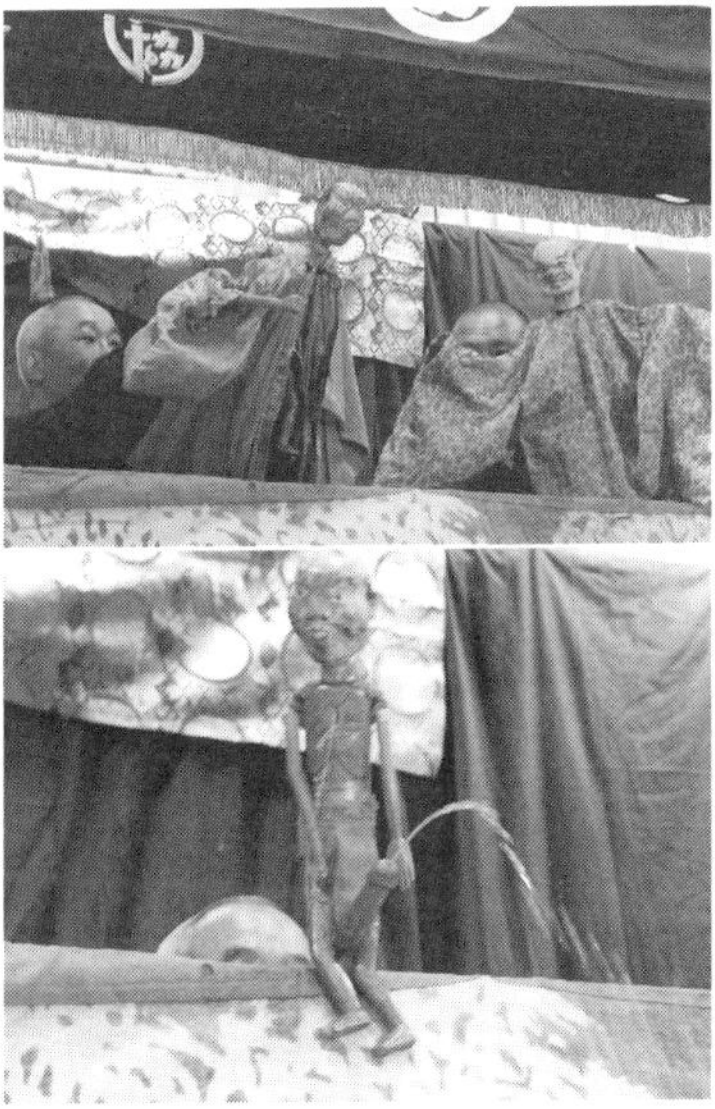

のろま人形のクライマックスは、木之助の放尿シーン

ラストの放尿シーンは、人形の遣い手が口に水を含んで、イチモツのなかに仕込んである管《くだ》を通じて水を噴《ふ》き出す仕組みになっている。最前列の客席は水をかけられて大喜びだ。

水戸黄門の印籠《いんろう》のように、ラストの放尿シーンがトレードマークにもなって、江戸のころ、のろま

国文学研究資料館所蔵『新編歌俳百人撰』の「のろま人形と野呂松勘兵衛」

人形は一世を風靡《ふうび》。やがて江戸から京都へ、そして佐渡へ伝わった。

現在、新穂の霍間《つるま》和夫さんとその子息、弘之さん父子が率いる広栄座《こうえいざ》が、のろま人形を伝承している。スケジュールさえ合えば、あらかじめ頼んでおくと、泊まりの宿の夕食の席にきて、人形芝居を見せてくれる。もちろんお約束の放尿シーンは欠かせない。

ちなみに、広栄座が使っている歴史的にも貴重な人形はふだん、新穂歴史民俗資料館に保管展示されている。公演があるときに限って人形たちは、ショーケースからご出勤だ。

最後に、今回の調査でわかった重要な情報を一つ。

東京立川《たちかわ》市にある国文学研究資料館所蔵『新編歌《しんぺんか》俳百人撰《はいひやくにんせん》』に、野呂松勘兵衛がのろま人形をあやつる絵が描かれている。これぞまさに「元祖のろま」の姿である。

大《だい》黒《こく》柱《ばしら》・醍《だい》醐《ご》味《み》

奈良県

大黒柱——家や国の中心となって、それを支える人。

醍醐味——物事の本当のおもしろさ。深い味わい。

（大辞泉）

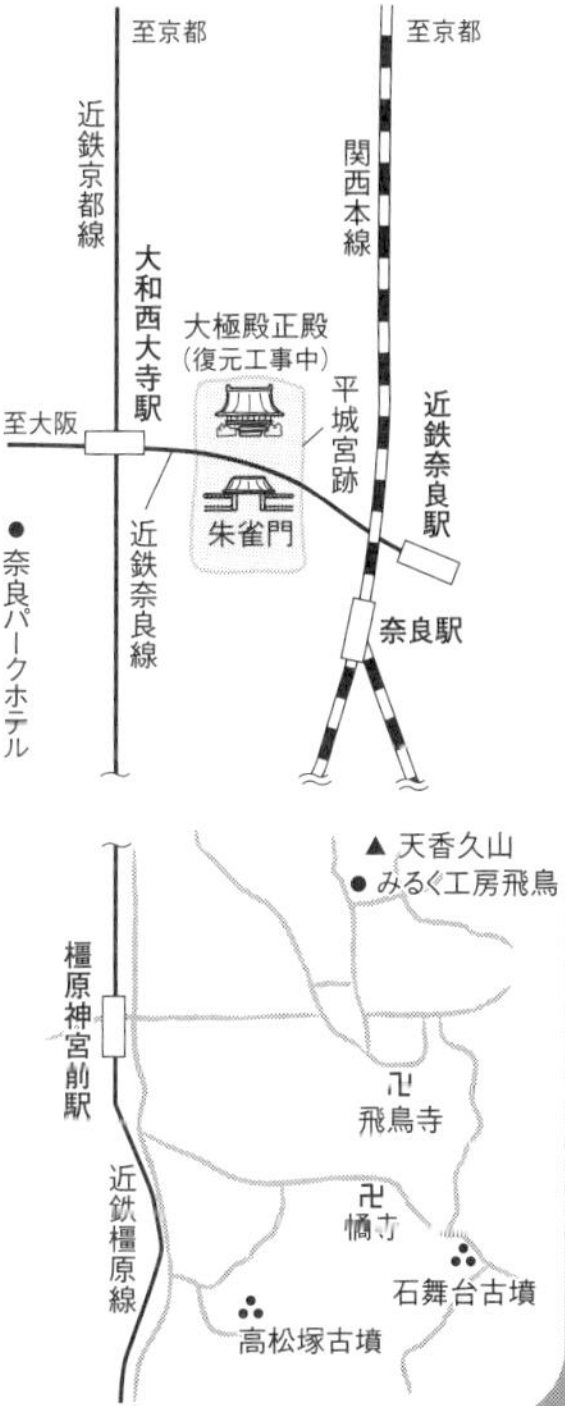

遷都《せんと》一三〇〇年で盛り上がる奈良を再訪した。

奈良では以前、「元《もと》の木阿弥《もくあみ》」の語源となった戦国時代の影武者、木阿弥さんを取材したが（173ページ〜）、今回は、「大黒柱」と「醍醐味」をセットで語源ハンティングだ。まずは「なんと（七一〇年）立派な平城京《へいじょうきょう》」を訪ねるとしよう。

大阪から近鉄奈良線に乗って奈良駅の一つ手前、大和西《やまとさい》大寺《だいじ》駅を過ぎたあたりから、景色はタイムトンネルを通過して時空を越えたかのように一変する。

車窓の向こうに、国の特別史跡に指定されている平城《へいじょう》宮《きゅう》跡と、平成一〇（一九九八）年に復元公開された平城宮の正門、朱雀門《すざくもん》が見えてくる。

復元工事中の大極殿から望遠撮影した平城宮の正門・朱雀門

するとやがて電車はそのまま、広々とした平城宮跡を突っ切って走り、高さ二〇メートル、あざやかな朱色に塗られた威風堂々たる朱雀門のすぐ脇を走り抜けていく。

東に春日山《かすがやま》や若草山《わかくさやま》、西に金剛《こんごう》の山々。

万葉の古都、平城宮跡は、一面の草はらだ。明治期に発掘されるまで農地だったため、奇跡的にほとんど何も手を付けられず、広大な跡地がそのまま現代まで遺《のこ》された。

当時世界最大級の都市だった唐《とう》の長安《ちょうあん》をモデルに造られた平城京は、東西四・三キロ、南北四・八キロに碁盤の目のように街が整備され、天皇と一〇〇人余りの高級貴族を中心に、約一〇万人の人々が暮らしていたという。

その平城宮跡に今、天皇の即位など重要な儀式や政務の舞台となった巨大建築「大極殿正殿《だいごくでんせいでん》」が、復元されようとしている。

実はこの大極殿こそが、「大黒柱」の語源遺産なのだ。

「大黒柱」の語源は、二ついわれている。

一つは、打出の小槌と福袋を持っている七福神「大黒様《だいこくさま》（大黒天）」に由来するという説。

そしてもう一つが、「大極殿」語源説だ。

大極殿正殿を支える柱「だいごくでんのはしら」が「だいごくばしら」になり、そして「だいこくばしら」に！

広辞苑で「だいこくばしら」を引くと、漢字で【大黒柱・大極柱】とある。

古代瓦が敷き詰められた大極殿の屋根部分

「大極殿」という名称は、古代中国で宇宙の中心とされていた太極星《たいきょくせい》（北極星）からきている。つまり大黒柱（大極柱）は、一家の大黒柱、一国の大黒柱といったレベルをはるかに超えて、宇宙そのものを支える重要な柱ともいえるのだ。

ということで、元祖「大黒柱」をこの目で見ようと、一三〇〇年ぶりにその全貌《ぜんぼう》が明らかになろうとしている大極殿正殿（二〇一〇年完成予定）の復元工事現場へもぐりこむことに。

案内をしてくれるのは、現場で指揮監督をしている文部科学省の松山忠生《ただお》さん（大臣官房文教施設企画部）だ。

近づくと大極殿正殿は、アテネ・アクロポリスの丘にそびえ立つギリシアの世界遺産、パルテノン神殿のように神々《こうごう》しい。

間口（東西）四四メートル、幅（南北）二〇メートル、高さ二七メートル。二層の屋根には、一〇万枚の古代瓦《がわら》が敷き詰められていて壮観だ。

当時の様子を知ることができるありとあらゆる資料と知恵を集め、また、法隆《ほうりゅう》寺《じ》金堂《こんどう》、薬師《やくし》寺《じ》東塔《とうとう》など同時代の歴史的建造物を参考にして、奈良時代のシンボルともいうべき巨大建築を、細部に至るまで完全に再現しようとしている。

で、問題は「大黒柱（大極柱）」だ。

柱の色は朱雀門と同じ、鮮やかな「朱色」。

直径約七〇センチ、高さ五メートル、樹齢二五〇年の檜《ひのき》の柱が整然と立ち並んでいる。

数えると全部で四四本だ。

「このうちのどれが大黒柱ですか？」

「どれという特別な柱はありません。全部同じ柱ですよ」

おっと、これは予想外だ。てっきり「大黒柱」は一本だけだと勝手に思い込んでいた。ところが、四四本の柱、全部が大黒柱だった。

これが「大極柱」、すなわち「大黒柱」だ

柱の表面を見ると、かんなの削り跡が味わい深い。瀧川寺社建築の腕利き職人たちが、槍《やり》の形をした伝統の大工道具、槍《やり》鉋《がんな》で腕をふるった。

大極殿を地震から守る免震装置

瀬川寺社建築は、同じく平城宮の朱雀門のほか、東大寺大仏殿、香港や中国など海外にある神社仏閣《ぶっかく》の建築にもたずさわっている、日本有数の宮大工《みやだいく》集団だ。

柱は縦に幾筋ものひび割れが入っているように見えるが、木は呼吸をしていて季節によって痩《や》せたり太ったりするため、すき間がちょうどいいクッションになる。

「よかったら地下も見ていきますか？」

そう誘われて地下へおりると、基壇《きだん》（建物の基礎部分）が空洞になっていて、ハイテクの免震装置が、四四本の大黒柱を縁《えん》の下で支えていた。地震がきても建物の揺れが最小限に抑えられる。

現代によみがえろうとしている「大黒柱」は、いにしえの知恵と熟練の手仕事、そしてそれをサポートする最先端テクノロジーに支えられていた。

さて、大黒柱の流れで、同時代の言葉「醍醐味」の語源をめぐる。

これは、幻の美味に由来する。

元祖「大黒柱」を目撃したその夜、平城宮の近くにある奈良パークホテルへと足を運んだ。お目当ては、今から一三〇〇年前、天平《てんぴょう》文化がもっとも栄えた当時の宮廷料理を再現した美食コース「天平の宴《うたげ》」にある。

宮廷のしつらえを思わせる専用の特別室に通され、用意されていた古代衣装を羽織《はお》る。そして、貴族になった気分で当時のごちそうをいただく。

「天平の宴」。専用の部屋で古代衣装を羽織って、古代宮廷料理をいただく（予約制）

料理長と料理研究家、それに学者が協力して、出土した木簡《もっかん》や文献などをもとに、研究を重ねること二〇余年。奈良時代の上流階級が堪能した料理を再現した。

ご飯は赤米《あかまい》と黒米《くろまい》の二種類。赤米は赤飯のルーツ。黒米は、中国では歴代皇帝に献上され、栄養豊かな神秘のお米として珍重された。香りも良く、自然の甘みがある。

魚貝に塩をしたものや丸干し、猪や鹿の干し肉、野菜の塩漬けなど、素材はシンプルだが、なかなかイケル。酒はにごり酒のみ。

食材だけでなく、調味料も、かつてのものに忠実に近づけている。

使用している調味料は三種類。現代の味噌や醤油のルーツともいえる「醤《ひしお》」に「玄米酢」、そして天然の「藻塩《もしお》」だ。

中国から伝わり、和菓子のルーツとなった唐菓子がデザートとして添《そ》えられる。

宮廷には、各地から極上の美味が献上されていた。今、その当時の最高の贅沢《ぜいたく》な料理を再現してみたら、化学調味料、防腐剤、着色料フリーはいうまでもなく、理想的でヘルシーな究極のスローフードだった。

そんな宮廷料理のメニューに、奈良時代唯一の乳製品「蘇《そ》」があった。

これだこれだ。実はこの「蘇」が、「醍醐味」の素《もと》なのだ。

新鮮な牛乳を数時間煮つめて、固形になるまで濃縮している。

見た目は茶褐色で、口に放り込むと、やや舌触りがざらついたミルキーなキャラメル風味。

まだ甘味料というものがなかった当時、自然の甘みと旨味をあわせもった栄養たっぷりの「蘇」は、ことのほか貴重な食品だった。天皇や上流階級の正月の宴のデザートとして珍重されていた。美容や不老長寿の効果も期待され、薬用にも使われていたようだ。

「古代のチーズ」ともいわれている。

そもそも「醍醐味」という言葉は、仏教の教典『涅槃経《ねはんぎょう》』に由来する。そこには、牛乳を精製して作る五つの味、「五味《ごみ》」のうちの最上の味として「醍醐味」が登場する。

五味とはまず、牛の乳を搾ったミルクが「乳《にゅう》」。それをヨーグルトにしたものが「酪《らく》」。さらに「生蘇《しょうそ》」「熟蘇《じゅくそ》」と変化。そしてその「蘇」を素に、牛乳を原料とした最上の味「醍醐」となる。

『涅槃経』はこの「醍醐」という言葉を、「仏教に数ある教典のなかでも、最高の教典は涅槃経だ。涅槃経こそ仏教の醍醐味である」といったふうに使っている。

醍醐味の素となる「蘇」。色も味もキャラメルに近い

ここから「醍醐味」は、「スポーツの醍醐味」「人生の醍醐味」など、ものごとの本当の楽しみや面白さ、究極の素晴らしさや真髄《しんずい》を意味するようになった。

いつしかそうしたありがたい意味を持つようになった乳製品の「醍醐味」だが、いったいそれをどうやって作るのか、大陸から日本に伝わった時点ですでに謎とされていて、実際に見た者、食べた者はいない。

まさに「幻」の食品だ。

ここで、語源ハンティングのフィールドを、飛鳥《あすか》地方へと移す。そこは日本に酪農が最初に伝わった土地だ。「醍醐味」の素である「蘇」を作っているというので、訪ねてみることにした。

斑鳩《いかるが》の里で聖徳太子ゆかりの法隆寺、中宮寺《ちゅうぐうじ》など古寺《こじ》を巡礼してから、バスと電車を乗り継いで、近鉄橿原《かしはら》線橿原神宮前駅にたどりつく。

奈良盆地の南部、大和三山《やまとさんざん》に囲まれた飛鳥の地。推古天皇の時代から都が奈良へ移るまでの約一世紀（五九三〜七一〇年）、歴代の皇居がおかれ、仏教文化が栄えたところ。石舞台《いしぶたい》古墳や高松塚《たかまつづか》古墳など重要な史跡が数多くあり、古都保存地区に指定されている。

駅でレンタサイクルを借りた。「蘇」の製造現場までぐるりとあちこち寄り道をしながら、のんびりサイクリングでいこう。

聖徳太子誕生の地に、太子自身が創建した橘寺《たちばなでら》は、『日本書紀』にも登場する寺だ。蘇《そ》我馬子《がのうまこ》が創建した日本最古の寺、飛鳥寺《あすかでら》と飛鳥大仏にも参拝。蘇我馬子の墓と伝えられているものの、いまだ確証がない石舞台古墳に代表される謎の巨石群は本当に不思議だ。

などなど、風をきって自転車で走り、そして最後に向かった先は、天香具山《あまのかぐやま》の麓《ふもと》にある西井牧場の「みるく工房飛鳥」だ。

飛鳥時代、この地に、中国から仏教と共に酪農が伝わったとされている。

現在、西井牧場では、「醍醐味」の素になった「蘇」を製造、予約販売している。

その「蘇」を作る工程をすべて見せてもらう。現代の蘇は、餡《あん》練り機を改良したマシーンで作っていた。担当は牧場主の奥さんだ。

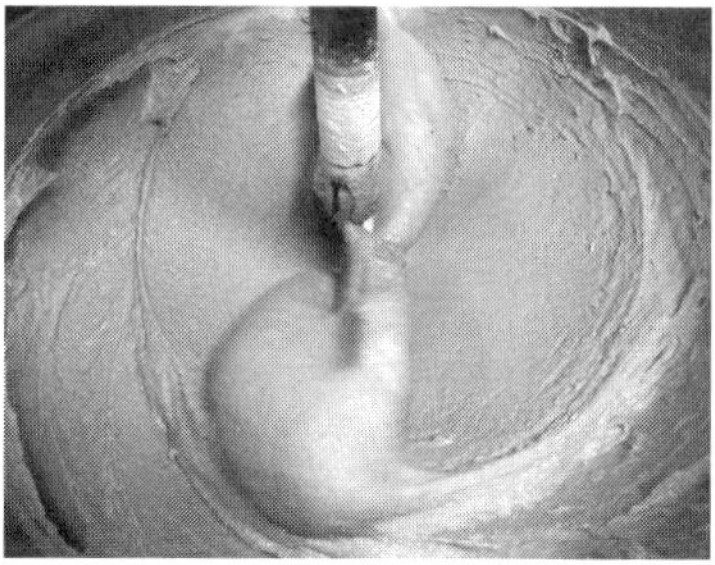
牛乳を温めながら練りに練ると「蘇」になる

まず、鍋に絞《しぼ》りたての牛乳を入れて火を付ける。そして、電動の羽根を回転させて練る。

コトコト、コトコトと煮込んで、練る、練る、練る。

すると、ある時点から次第に、白い牛乳が茶褐色に変化する。これを、焦がさないように、さらにじっくりゆっくり煮つめていく。そうして練りに練ること七、八時間。

やがて味噌くらいの硬さになったところで、木型に容《い》れ、冷蔵庫で冷やして固める。

完成品「飛鳥の蘇」を試食した。

「みるく工房飛鳥」の「飛鳥の蘇」

それは、奈良パークホテルで食べた「蘇」よりも柔らかく、味は濃厚な生キャラメルだ。かすかに塩気もあり、わずかだがチーズの後味と共通する香りを感じることができる。

この「蘇」のさらに上に、五味最上の味「醍醐味」があるというのだが、みるく工房飛鳥でもまだその精製には成功していない。一説によると醍醐味は、黄金色をしたオイルのようなものだとも伝えられているが、真相は定かではなく、今もやはり幻の味だ。

ところで、醍醐味の素「蘇」は、「古代のチーズ」といわれているので、ひょっとして似たようなチーズがどこかにあったりはしないかと、手を尽くして探してみた。

すると、北欧ノルウェーの朝の食卓には欠かせないチーズ「イエトオスト」がそっくりの味らしいという情報を入手したので、さっそく専門のショップに注文して取り寄せた。

「イエトオスト」の「イエト」は山羊《やぎ》のこと、「オスト」はチーズ。

山羊のホエー（チーズ製造時に出る水分）に山羊乳を加え、さらに牛乳と生クリームをミックスして、煮詰めて作っている。加熱凝乳法というらしい。そのため茶褐色になり、見た目がキャラメル色になる。基本的には「蘇」と同じ製法だ。

食べてみると、ねっとりとした食感で、まるでキャラメルのような風味と甘みがある。いわゆる一般的なチーズより乳糖が多く残っているため、味わいそのものがチーズというよりも、やはりキャラメルに近くなる。かすかに塩味もする。

たしかに、奈良の「蘇」とそっくりの味だ。

薄くスライスしてパンに挟んでトーストサンドにしてみた。するとチーズがとろっとして、ほどよいしょっぱさと甘さがパンになじむ。

ノルウェーのチーズ作りの歴史は、バイキング時代の九世紀ごろにさかのぼるという。空想だが、ひょっとしたら奈良の「蘇」とノルウェーの「イエトオスト」は、どこかでつながっているかもしれない。

こうした意外な展開と発見が、語源ハンティングの醍醐味の一つでもある。

二《に》の舞《まい》

静岡県

人の後に出てそのまねをすること。また、前の人の失敗をくりかえすこと。

（広辞苑）

太田川の桜並木。奥に茶畑が見える

桜の季節、青々とした茶畑を一両編成のワンマン列車がいく。

東海道新幹線の掛川《かけがわ》駅で、天竜浜名湖《てんりゅうはまなこ》鉄道に乗り換え、遠州森《えんしゅうもり》駅まで約三〇分。旅の目的は、「二の舞」の語源ハンティングだ。

同じ失敗をくり返すことを「二の舞」「二の舞を演じる」というが、調べてみると言葉の起源は、一三〇〇年以上も昔から伝わる「二の舞」という滑稽《こっけい》な舞にあるという。

そしてその舞は今も、高級茶の産地として知られる遠州の小京都、静岡県森町《もりまち》で目撃することができる。「おう、江戸っ子だってね、寿司食いねぇ」でおなじみ、「森の石松《いしまつ》」の森町だ。

チャンスは、毎年四月に集中して四回ある。

まず、桜咲く四月の第一土曜日と日曜日、天宮《あめのみや》神社の例大祭で奉納される「十二段舞楽《ぶがく》」で二回。つづいて、四月一八日に近い土日に、遠州一宮《いちのみや》「小國《おくに》神社」の例大祭《れいたいさい》に奉納される「十二段舞楽」で二回。合計四回だ。

天宮神社と小國神社は、三キロほどの距離にある。どちらの「十二段舞楽」も、国の重要無形民俗文化財に指定されている。

ということで、両方の「二の舞」をチェックすべく、春の森町を二度訪ねた。

いずれの「二の舞」も忘れがたく印象深いが、今回は特にファーストインプレッションが強烈だった天宮神社の「二の舞」を中心に、旅の話を進めてみることにしたい。

遠州森駅から歩いて天宮神社へ向かう。

三方を山に囲まれた町の中央を、清流太田川《おおたがわ》が流れ、両岸の堤防二キロに桜のトンネルが延々とつづいていて絶景だ。河川敷にロープが張られ、鯉幟《こいのぼり》が風を受けて気持ちよさそうにそよいでいる。

太田川と平行して走る秋葉《あきは》街道沿いには、白壁の土蔵や商家の格子《こうし》が並び、その昔、信州方面へ塩や物資を運んだ「塩の道」だったことをしのばせている。

街道は、秋葉山《あきはさん》山頂にある秋葉神社へいく修験《しゅげん》の道でもあった。

秋葉神社は、東京秋葉原の地名の由来となった神社だ。秋葉原に分社があった。

まちなかをいくと、商店街が祭り気分でにぎわいをみせている。茶商が森の茶をふるまい、

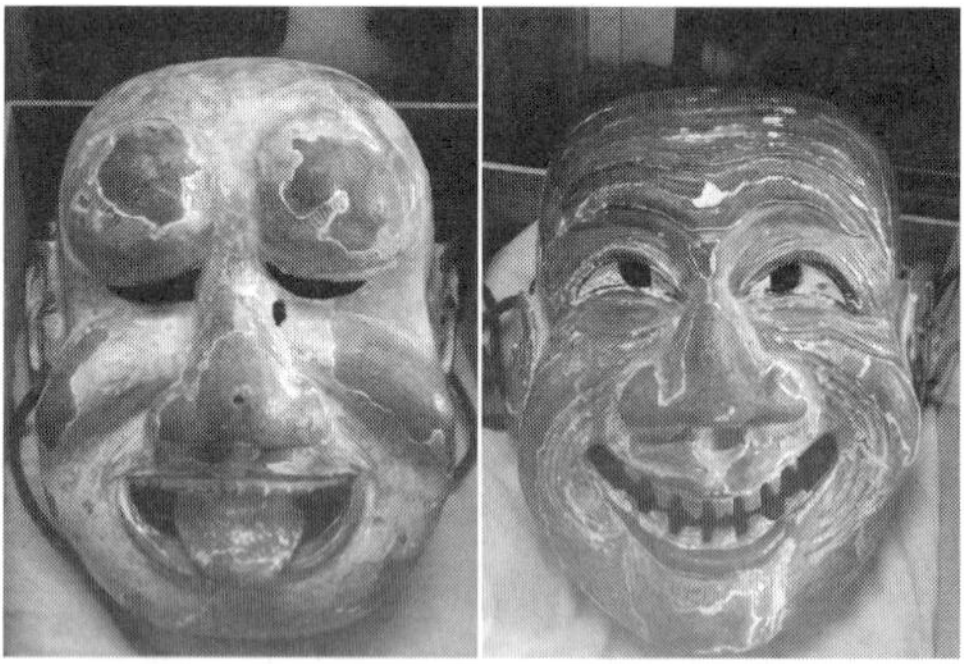

憎めない表情の「腫面」（左）と「咲面」（右）

そこかしこに古着屋の露店が出ている。江戸時代後期、森町は全国の古着の相場を動かすほど栄えたというから、その名残だろう。「町並みと蔵展」と称して、いくつもの蔵が開放されている。

わかりやすく首からカメラをぶら下げているせいか、「どこからきたの？」「何を撮りにきたの？」と、しきりに声をかけられる。

「二の舞だったら、古いお面が飾ってあるから見ていきなさい」と教えてもらったので、道案内にしたがっていくと、裏路地にある堀内家の石蔵に「天宮神社舞楽面展示」とひっそり看板が出ている。

のぞくと、薄暗がりのなかに、「十二段舞楽」で使われていたという古い面が陳列されている。そのなかに「二の舞」の面が仲良く並んでいるのを見つけた。ここでいきなり出会えるとは……。

「二の舞」の面は二つ。笑い顔をした「咲面《えみめん》」の翁《おきな》と、腫《は》れた顔をしている「腫面《はれめん》」の媼《おうな》

（老婆）だ。

歯をむき出しにした翁の笑いが、豪快で気持ちがいい。嫗の顔は腫れ上がり、むくんでいて、いかにも辛そうだが、ペロっと舌を出していて、口もとが笑っているようにも感じられる。見ているだけで、思わずニヤッとしてしまう。笑いのオーラをまとっている。

表面の塗りがはげ落ちていて年季を感じさせるが、今は代替わりして別の面が使われているという。

この咲面と腫面を付けた翁と嫗が滑稽な舞を見せ、それが「二の舞を演じる」という言葉につながっていく。はたしてそれはどんな舞なのか。

商店街がとぎれ、しばらく歩くと、こんもりとした森の上に天宮神社がある。

麓《ふもと》の鳥居脇にたたずむ新屋《しんや》旅館にいったん旅装をとき、いざ、階段をのぼって神社境内《けいだい》へと向かう。

ちなみにこの新屋旅館は、「森の石松」を育てた家として知られている。

石松は七歳の頃、天宮神社のまさにこの例大祭の日に、「森の五郎」親分に拾われて育ち、その後、森へやって来た幕末の侠客《きょうかく》、清水次郎長《しみずのじろちょう》の子分になったと伝えられている。

大洞院にある石松の墓（左）と次郎長の碑（右）。よく見ると、墓石がところどころ削りとられている

遠州森駅から歴史散歩道をウォーキングで七キロいくと、山のなかに大洞院《だいとういん》がある。全国に三四〇〇もの末寺を持つ曹洞《そうとう》宗の名刹《めいさつ》だ。ここに石松の墓と次郎長の碑が建てられている。

昭和三〇年頃から「石松の墓の石を持っていると商売繁盛、勝負運を呼ぶ」という噂が流れたため、墓石が削《けず》りとられるようになり、現在の墓石で三代目だ。毎年三月には石松供養祭が大々的に行われている。

そんな森の石松は、天宮神社脇の家で、毎年春に「二の舞」を見て育ったにちがいない。

天宮神社の境内は、まるですべてこの日のためにあるかのようなレイアウトだった。拝殿の前に「舞い屋」と呼ばれる舞台があり、正面から見るとその奥に楽屋がある。舞台と楽屋を一〇メートルちょっとの渡廊《わたりろう》（渡り廊下）がつないでいる。

そもそも十二段舞楽は、今から約一三〇〇年前の七〇五（慶雲《けいうん》二）年、社殿を造営した際に奉納されたもので、以来、今日まで連綿《れんめん》と伝えられている。「二の舞」という言葉の歴史は、おそろしく長い。

前日祭の土曜日、午後三時半（日曜の例大祭では午後四時頃）、「十二段舞楽」が始まる。楽屋から、太鼓、鉦鼓《しようこ》、横笛の、三種類の楽器の音が聞こえてくる。笙《しよう》や篳篥《ひちりき》は使っていない。宮中や四天王寺のそれとはちがい、天に伸びゆく雅《みやび》な音色というよりも、シンプルなリズムが体内のDNAをゆさぶってなつかしさを感じさせる。

これが約五時間つづく。ふと気が付くと奏楽のリズムで呼吸をしている自分がそこにいる。「十二段舞楽」では、文字どおり、十二段の舞が奉納される。そこに問題の「二の舞」があった。十二段の演目はこんなラインナップだ。

一番「延舞《えんぶ》」、二番「色香《しきこう》」、三番「庭胡蝶《ていこちよう》」、四番「鳥名《ちような》」、五番「太平楽《たいへいらく》」、六番「新鞨《しんま》鞨《か》」、七番「安摩《あま》」、八番「二の舞」、九番「陵王《りようおう》」、一〇番「抜頭《ばとう》」、一一番「納曽利《なそり》」、一二番「獅子舞《ししまい》」

一、三、四、六、一〇番は、稚児《ちご》が舞う。お父さんお母さんが、我が子の晴れ姿を撮影しようと舞台にかぶりつきでカメラを構えていてほほえましい。

七番「安摩」。蔵面をつけた安摩が舞う

注目の「二の舞」は、八番目に登場する。今回いろいろお世話になり、また会場では解説アナウンスも担当している森町教育委員会の北島恵介《けいすけ》さん（社会教育課文化振興係）によると、これは、七番「安摩」とセットで舞われる番舞《つがいまい》だ。

かつて宮中や四天王寺にも伝わっていたが、今ではそのどちらにも「安摩」しか残っていない。だから、「二の舞といえば森町」なのだ。

天宮神社とこのあとの小國神社でたまたま四天王寺の学術調査隊と一緒になった。それほど貴重な祭りということである。

さて、七番「安摩」の安摩とは、主人公の名前だ。安摩は、白い絹《きぬ》を貼った蔵面《ぞうめん》と呼ばれる四角い紙製の面をつけ、手には笏《しゃく》を持って姿を見せる。笏とは、ひな人形のお内裏《だいり》様が手にしているヘラのような板のこと。当時、位《くらい》が高い人が持っていた。

威厳を示す笏を手に、安摩が優雅な舞を見せる。「チャンチャノベットウ・タッケラコー」と口ずさみながら、太鼓の拍子にあわせて踊る。ゆったりとした舞だ。

蔵面には貝殻のような絵が描かれていて、海の精霊の舞だともいわれている。『安摩』は「海女《あま》」に通じている。

さあ、そしてその「安摩」とセットで舞われる「二の舞」の登場だ。

ここまでさくっと書いているが、スタートから三時間近くはたっている。「二の舞」は、息抜きで笑いを取ってこのあとの後半戦につなげるコメディ・リリーフでもある。地元では「ジイサ・バアサ」と呼ばれて親しまれている。

ジイサとバアサの舞はどこか滑稽だ

安摩がまだ終わらず舞台上にいるうちに、妙な動きの二人組があらわれる。咲面をつけた翁（ジイサ）と、腫面をつけた嫗（バアサ）だ。

皮膚病をわずらい顔が腫れ上がって苦しんでいるバアサの病の治癒を祈願するため、ジイサとバアサが一緒に「安摩」を真似《まね》て、神様に舞を奉納しようとする。だがしかし、年老いているためなかなか思うように身体は動かず、よたよたと滑稽な舞になってしまい、笑いを誘う。

このことから、人の真似をして失敗することを「二の舞を演じる」というようになり、いつの頃からか、ほかの人と同じ失敗をすることを意味するようになった。

がしかし、語源はさておき、よくよく考えると「二の舞」は、けっして笑える内容ではないはずだ。病に苦しんで神頼みするしかないお年寄り夫婦を、笑い飛ばすだなんてありえない。とんでもない。

ところが笑えてしまう。なぜだろう。

ジイサは満面の笑顔だ。バアサのことが大好きなのは間違いない。長年連れそったバアサが病で苦しんでいるのに、しかめっつらしていたのでは、ますます辛くなる。愛があふれる大きな笑顔でバアサをやさしく包んでいる。

そして、なんとか病を治してやりたいというただその一心で、生まれてはじめて神様に「舞」を奉納しようとしている。

バアサもそんなジイサと共に生きてきた山あり谷ありの人生を思いながら、「ジイサ、いろいろあったけど、まんざら悪い人生でもなかったね」と、ペロっと舌を出しながら舞う。

老夫婦の人生が織《お》りなすラストダンス。

たいていの「二の舞」は、できることなら遠慮したいが、こんなハッピーな「二の舞」なら大歓迎だ。年老いて一緒に「二の舞」を舞える夫婦でありたいと、我が身を振り返る。

さてさて、そんな「二の舞」の旅のみやげは、香り高い森の茶と、「梅衣《うめごろも》」だろう。

森町には、「梅衣」と呼ばれる銘菓《めいか》を扱う店が何軒もある。太田川の橋のたもとにある栄《えい》正堂《しょうどう》が元祖として知られている。

「梅衣」は、こし餡《あん》をくるんだ求肥《ぎゅうひ》を、塩漬けの紫蘇《しそ》の葉で包んでいる上品な和菓子だ。紫蘇の葉は、塩抜きしたあとに蜜で煮込んでいるので、直径三、四センチの小さな世界のなかに、甘さとしょっぱさが同居している。

森町名産の銘茶と一緒にいただくと、なおのこと美味しさが際立ってくる。

では、「二の舞」のまとめに、慣れぬ一句を……。

うめごろも　酸《す》いも甘いも　かみわけて
ともに手をとり　おどる二の舞

栄正堂の銘菓「梅衣」

地《じ》団《だん》駄《だ》を踏《ふ》む

島根県

怒りもがいて、またくやしがって、はげしく地面を踏む。

（広辞苑）

夜一〇時、東京発出雲《いずも》市行きの寝台特急「サンライズ出雲」号に乗り込んだ。「地団駄を踏む」旅に出る。

悔しいと、人は地団駄を踏む。

「地団駄を踏む」の語源遺産は、島根県の奥出雲地方にある。宮崎アニメ『もののけ姫』のモデルにもなったところだ。

『もののけ姫』は、奥出雲の山奥にあった古代製鉄所「たたら場」とそこで働く人たち、そして中国山地の大きな自然を描いている。

奥出雲では「たたら」と呼ばれる日本独特の製鉄が盛んに行われていた。この地方で作られた鉄が全国に運ばれ、刀や刃物、農具や鍋・釜になった。日本の製鉄産業の中心であり、日本という国そのものの礎《いしずえ》を築いた土地ともいえる。

たたら製鉄の現場で、足踏み式の送風装置「鞴《ふいご》」を「地踏鞴《じだたら》」といった。「地踏鞴」を踏んで、炉《ろ》のなかに空気を送り込む。その様子が、悔しがって地面を激しく踏むのに似ている。「じだたら」が「じだた」に変化して、さらに「じだんだ」になったというのが、「地団駄を踏む」の語源通説だ。「地団駄」あるいは「地団太」という漢字は当て字である。

事前調査によると、かつて使われていたその「地団駄を踏む」送風装置が、今も奇跡的に

東京駅に入線したサンライズ出雲

文化財として遺《のこ》されているという。さらに、毎年一月末から二月にかけて、今では世界中でただ一カ所となった「たたら製鉄」が操業されているとの情報もキャッチした。

そうと知ったら現地を訪ねて、「たたら」をこの目で見たい。元祖「地団駄」をこの足で踏んでみたい。

そんな旅のプランを、光文社新書の担当編集者、柿内芳文さんに語ったところ、

「出雲だったら、寝台特急のサンライズ出雲号でいきましょう。『製鉄』にまつわる話なんですよね？　『テツ』でいく『鉄』の旅なんて、ぴったりじゃないですか！」

と、たちまち「テツでいく鉄の旅」が計画・実行されることになった。彼は趣味と仕事を兼ねて、『テツはこう乗る　鉄ちゃん気分の鉄道旅』（野田隆著／光文社新書）という本を世に送り出したほどの自他共に認める「乗りテツ」である。何よりも列車に乗ることに生き甲斐を感じている青年だ。「テツ」が「鉄」に反応した。

かくして二月初旬に、東京駅九番線ホームで待ち合わせをして、寝台特急「サンライズ出雲」号に乗

り込むことになったというわけである。

サンライズ出雲の車内は、住宅メーカーと共同で設計したという木のぬくもりを生かしたインテリアで統一されていて、ちょっとしたビジネスホテルのようだ。

個室寝台「シングル」

学生のころ、列車をホテル代わりにヨーロッパを旅していたことがあるが、当時は、二等車の固いボックスシートに各国のバックパッカーが相乗りだった。今回は一人用の個室なのでゆっくり横になれる。

乗客は「テツ」しかいないのではと勝手に想像していたが、年輩の女性グループやシルバー世代の夫婦が意外と多いことに驚いた。列車は、ほぼ満席だ。

東京駅を出発して東海道線、そして山陽線をいくサンライズ出雲号は、岡山駅から伯備《はくび》線経由で出雲方面をめざして山間部をひた走る。

午前九時すぎ、終点出雲市駅の三つ手前、安来《やすぎ》駅で下車。

駅に隣接して、日立金属の大きな工場が建っている。安来は今もハガネの町だ。「アラ・エッサッサ」のどじょうすくいでおなじみ、民謡『安来節』のふるさとでもある。

かつて出雲の鉄は、この安来の港から北前船《きたまえぶね》で全国各地に積み出された。「どじょうすくい」は、製鉄のための砂鉄を笊《ざる》でふるう動作、つまり「土壌すくい」からきているという説もある。

まずは、駅からタクシーで二、三分、港を臨む和鋼《わこう》博物館に立ち寄る。日本の伝統的な製鉄法「たたら」について知ることができる総合ミュージアムだ。

ここで、地団駄が踏める。

博物館の玄関前に、たたら製鉄で生み出された、ごつごつとした岩のような鉄の塊がある。「ケラ」だ。ケラは、漢字で金偏《かねへん》に母「鉧《けら》」と書く。文字どおり金属の母であり、日本という国そのものを支えた偉大なる文明の母でもある。

和鋼博物館の玄関前に置かれている大きな「鉧」。金偏に母で「ケラ」と読む

と感慨深げに眺めていたら、同行の柿内さんは、すぐ脇にある蒸気機関車D51（デゴイチ）にカメラを向けていた。さすがテツだ。興味も人それぞれで面白い。

展示室をのぞくと、たたら製鉄に欠かせない大きな「天秤《てんびん》ふいご」があった。中国地方で発達した足踏み式の独創的な送風装置だ。江戸時代の初め頃に発明され、明治になるまで活躍した。

これだこれだ。これで地団駄を踏む。

和鋼博物館に展示されている「天秤ふいご」（上）と、操業の様子をあらわした模型（下）

といっても、展示ルームにある天秤ふいごは、国の重要有形民俗文化財に指定されていて、さわることもできない。だが嬉しいことに、玄関ホールの階段下にもう一台、体験用に同じモノが用意されている。こちらは誰でも踏める。

さあ、それでは念願の地団駄を踏もう！

とその前に、博物館で学んだ「たたら」と「ふいご」についての、かなり興味深い事実を簡単におさらいしておきたい。

わが国で古くから行われてきた製鉄法を「たたら」と呼ぶが、これは、高い製鉄技術を持っていたトルコの『タタール』民族に由来するという説がある。

中央アジアで生まれた製鉄法が、中国、朝鮮を経由して日本に伝わった。弥生《やよい》時代後期に始まり、古墳時代には本格的に生産されるようになった。中国地方で盛んになったのは、原料となる良質な砂鉄と、その砂鉄を燃焼させる木炭のための森があったからだ。

「タタール」由来の「たたら」は、製鉄法のことであると同時に、また、送風装置の「ふいご（鞴・吹子）」のことも指す。当てられる漢字は、「多々良」「多々羅」「踏鞴」「高殿」「鑪」「鈩」など、時代ごとに進化した製鉄設備の変遷《へんせん》に応じて変わった。

送風装置の「たたら」は、日本書紀の時代には、皮袋製の「皮《かわ》ふいご」が使われていた。やがて、板を踏んで風を送る「踏《ふみ》ふいご」が開発され、これが「たたらを踏む」→「地団駄を踏む」という言葉の元になった。

アニメ『もののけ姫』のなかでも、大勢で踏ふいごを踏んでいるシーンが出てくる。

その「踏ふいご」が、箱形の「箱《はこ》ふいご（吹差《ふきさし》ふいご）」になり、さらに、いっそう勢いよく空気を炉内に送り込む「天秤ふいご」が開発され、鉄の生産量は飛躍的に増大した。

それではいよいよ「地団駄」初体験だ。現存する送風装置としての「たたら」のなかでは最も古い「天秤ふいご」を、実際に踏んでみる。

天秤ふいごは、櫓《やぐら》のような形をしている。中央にある左右のペダルを交互に踏み込むこ

ついに島根で地団駄を踏む！　すると、下部の穴から勢いよく空気が吹き出した

とによって風を発生させ、送風管を通じて燃えさかる炉に空気を送り込む。

ステップを上って、所定の位置につく。ペダルに足をのせる。右足、左足。ちょっと不安定で怖い。天井からロープが吊る下がっているので、つかんでバランスをとる。そして、ペダルを踏む。カラダ全体を使って踏み込む。

「一、二、三、四。二、二、三、四……ヨイショ、ヨイショ」と、まるでスポーツジムでトレーニングでもしているようだ。ほんの一、二分、踏んだだけで息は切れるし、太股《ふともも》が張ってくる。これは、けっこうな重労働だ。

実際のたたら製鉄は、一回の操業が三日三晩、七〇時間以上かかったという。

その間、三人一組の「番子《ばんこ》」が交代で、汗をかきかき、たたらを踏んだ。一時間踏んで、二時間休憩のシフト勤務だ。休憩といってもその間に別の雑用がいくらでもあるので、けっして楽な仕事ではなかったはずだ。

ちなみに、交代で何かをすることを「代わりばんこ」というが、これは、「番子」が交代で作業することから生まれた言葉である。

　さて、語源ハンターの夢でもある地団駄を踏んだら、タクシーを呼んで安来駅まで戻り、松江まで山陰線で約三〇分。駅前でレンタカーを借りて一時間弱、奥出雲町の「日刀保《にっとうほ》たたら」をめざす。

　というのは、この時期限定で、世界で唯一、たたら製鉄の操業を見ることができるのだ。昭和になって途絶えていた「たたら製鉄」を、財団法人日本美術刀剣保存協会、略して「日刀保」が国の選定保存技術として復活させ、日本刀の原料となる貴重な玉鋼《たまはがね》を作り、全国の刀匠二五〇人に提供している。本来は非公開だが、今回特別に取材許可を得て撮影を試みることに。

　移動の車中、ドライバー役の柿内さんが、松江の駅で見かけたＮＨＫ連続テレビ小説『だんだん』のポスターを思い出して、こんなことをつぶやいた。

「そういえば、『じだんだ』は『じだたら』からということでしたけど、なんで『ん』が入って『じだんだ』になったんでしょうね……?」

　ドラマのタイトル『だんだん』は、出雲弁で「ありがとう」だ。出雲では、英語で「サン

日刀保たたらの高殿。あたりに「ギーコ、ギーコ」とふいごの音が響く

キュー」というくらいの軽い感じのノリで、「だんだん」「だんだん」と言っている。きっと「ん」という音に、ふだんからなじみがあるのだろう。

ちょっと調べてみた。するとやはり出雲弁は「ん」が多い。

たとえば、「ふらふら」は「ふんらふんら」に、「だらだら」は「だんらだんら」、「ぞろぞろ」は「ぞんろぞんろ」、「がらがら」は「がんらがんら」、「もじもじ」は「もんじもんじ」といったふうに、ひんぱんに「ん」が挿入される傾向がある。

「じだたら」が「じだた」と簡略化して呼ばれるようになったのちに、そこに「ん」が挿入されて「じだんだ」となっても不思議ではない。

そうこうするうちに午後三時、奥出雲の山のなかにある「日刀保たたら」に到着する。

一月の中旬にドカ雪が降って、あたりにはまだ雪が残っているが、高い吹き抜け天井の作業場「高殿《たかどの》」のあたりは相当な熱気を帯びている。

「ギーコ、ギーコ」と怪獣がうなるような低音が規則正しく響いている。高殿のすぐ隣に、炉に送る風を起こすふいごの小屋がある。怪獣の声はそこから聞こえてくる。

現在、ふいごだけは電化されているが、あとの技術は、かつて行われていた「たたら製鉄」がそっくりそのまま復元、伝承されている。

高殿のなかに入ると、中央に粘土で固めた舟形の炉があり、激しい炎が大蛇のごとく躍り上がり、炭の粉塵《ふんじん》が一面に舞っている。

ふいごから空気が送られると、炎が竜のように燃え上がる。右下に見える穴が「ほど穴」

七〇歳を超えたベテランの「村下《むらげ》」（技師長）と、補佐役の裏《うら》村下が、燃えさかる炉の様子を見ながら、タイミングをはかって砂鉄を投入し、村下予備軍の職人たちに木炭を加えるよう指示を出す。

この日は、三日三晩つづけられる「たたら操業」の中日。砂鉄と木炭が、ほぼ三〇分ごとに加えられる。

「村下」が操業の舵をとる。その表情は真剣だ

これが約七〇時間、くり返されるというのだから気が遠くなる。

砂鉄約一〇トンに木炭が一二トン。高温で燃やすことで、砂鉄が分解・還元され、鉄となる。その過程で不純物「ノロ」が生成され、炉の下部にあけた「ほど穴」から火山のマグマのように流れ出てくる。

燃えさかる炉は、活火山の噴火口のようでもあるし、吹き上げる炎は太陽の爆発現象「フレア」のようにも見える。ふいごから送られる風の強弱にあわせて、「ゴー、ゴー」と炎がゆらぐ。それはまるで天に舞い上がる竜のようだ。

いつまでも見ていたい神秘的な光景だ。

「地団駄を踏む」旅は、あと一カ所あるが、この日はもう遅いので、奈良時代の『出雲国風《いずものくにふ》土記《どき》』にも登場する奥出雲湯村《ゆむら》温泉『湯乃上館《ゆのうえかん》』に泊まる。

ヤマタノオロチ伝説で有名な斐伊川《ひいかわ》の中流、奥出雲の山々に囲まれた里に湧くひなびた源泉の一軒宿だ。おもむきのある木造二階建ての広い館内に五室あるが、一日二組しか予約をとらない。

晩ごはんは、宿に隣接した茅葺《かやぶ》き小屋の囲炉裏《いろり》で、京都で修業したご主人が作る素材を生かした心づくしの料理をいただく。すぐ目の前の川沿いに湯小屋があり、宿から下駄を履いて風呂にいく。お湯がほっとやさしい。

田部家土蔵群。蔵のなかには何が……？

伝説によると、熱した「鉄」でヤマタノオロチを退治したスサノオノミコトも、この湯村の温泉で疲れを癒《いや》したという。地団駄を踏む「鉄の旅」には、うってつけの隠れ宿だ。

さて翌日、湯村温泉から山道を小一時間、奥出雲の「菅《すが》谷《や》たたら」へ向かう。アニメ『もののけ姫』に登場する「たたら場」のモチーフになったところだ。

途中、山のなかに忽然《こつぜん》と江戸の町並みがあらわれてびっくりさせられる。菅谷たたらを経営していた「奥出雲たたら御三家《ごさんけ》」の一つ、田部《たなべ》家のお膝元、雲南市吉田町《よしだちょう》だ。かつて山のなかのこの地が、日本のたたら製鉄の中心だった。鉄とともに栄えた企業城下町である。石畳の坂道に田部家の土蔵群や屋敷が建ち並んでいて、往時をしのばせる。

町の人に、「日本一の山林王」でもあった田部家のことをたずねると、「もうすぐ、二五代目が東京から帰ってきて、田部長右衛門《ちょうえもん》を世襲する」と口をそろえていう。聞けば、二五代目は某テレビ局にいるらしい。

二四代目は長年、地元テレビ局の社長などを務めた実業家で、その前の二三代目は、衆議院議員から島根県知事、二二代目は貴族院議員だった。竹下登元首相を国政の場へ送り出したのも田部家だ。

菅谷たたら山内（集落）。右下の建物が高殿

二〇〇年にわたって建てられた田部家の二一ある蔵には、いったいどんな宝物が眠っているのかと、地元のお年寄りに聞いたところ、「まあ、空ってことはないでしょうな」とニヤッと笑った。

その吉田町から車で一〇分行った山あいに、今回の旅の最終目的地「菅谷たたら」がある。

日本で唯一、昔ながらのたたらの製鉄炉と建物（高殿）が保存されている地区だ。

前日訪問した日刀保たたらは最近になってからの復元だが、こちらはオリジナルである。江戸から大正一〇（一九二一）年まで操業していた。国の重要民俗文化財にも指定されている。

高殿のまわりには、たたらに従事していた人たちとその家族が住んでいた集落「山内《さんない》」がそのままある。一帯は、山林も含めてすべて田部家の持ち物だった。

施設見学の受付があり、この地で生まれ育ち、暮らしているという施設長の朝日光男《あさひみつお》さんに周辺を案内してもらった。

「菅谷たたら」の高殿。おごそかな空気が流れている

吹き上げ天井の高殿をのぞく。前日の「日刀保たたら」は炎が舞っていたが、こちらは静かに時を刻んでいる。操業中の様子を思い出して、菅谷たたらにオーバーラップさせてみる。

かつてここで雨の時期以外に年間六〇回、来る日も来る日も、たたら製鉄が行われた。ここで作られた鉄が、さまざまな形に利用されて、日本の歴史を動かした。

ところでこの菅谷たたらで、「地団駄を踏む」という言葉について、意外な発見をした。というのは、代々この地に住む朝日さんと、隣村から嫁《とつ》いできた朝日さんの奥様の証言によれば、一般的に知られている「地団駄を踏む」と、この地で使われている「地団駄を踏む」では、微妙に言葉のニュアンスが異なるというのだ。

「地団駄を踏む」発祥の地ともいえるこの地域では、他人がもたもたしているさまを見て、「あー、ほんと、見てて、いらいらするわ、なんでそんなことできんかな。まどろっこしい。ほんと、地団駄踏むようなわぁ」

といったふうに使うらしい。

「悔しい」というよりも、「いらいらする」「まどろっこしい」「もどかしい」という意味だ。今回の語源ハンティングの大きな収穫である。

さてさて最後に、お楽しみの旅グルメだが、仁多《にた》郡奥出雲町にある郷土料理の店「竹葉《ちくよう》」名物「仁多牛の牛丼」をおすすめしたい。

車で走っていて、「本場仁多町　仁多牛の里」という町の看板が気になり、「仁多牛　牛丼」の幟《のぼり》を立てているこの店に飛び込んで見つけた。

奥出雲では、古くから製鉄の輸送手段として牛馬が使われてきたが、今、このエリアで飼育されている仁多牛は、但馬《たじま》牛と肩を並べる和牛として知られている。脂がのってやわらかく、そのうえ、しっかり肉の味がする。牛丼はこれに、甘みのある玉ねぎ、出汁《だし》のしみた葛切《くずき》りと白ねぎがアクセントになっている。

ごはんがまた美味しい。「西のコシヒカリ」といわれる地元の仁多米を使用している。

中国山地の山々に囲まれた標高三〇〇から五〇〇メートルにある棚田《たなだ》の豊かな土壌と、宍道湖《しんじこ》にそそぐ斐伊川の源流、太古の森から湧き出るミネラル豊富な奥出雲の名水が、仁多米の美味しさの秘密だ。

「竹葉」名物「仁多牛の牛丼」

イートインやテイクアウトだけでなく、駅弁もある。毎年、四月から秋にかけて、奥出雲をいく木次《きすき》線にトロッコ列車が走る。車内販売の駅弁があり、なかでも竹葉の「仁多牛べんとう」が人気だ。前日までに予約をしておくと、出雲三成《みなり》駅まで届けてくれる。

シーズン中に、「テツ」で、「地団駄を踏む・鉄の旅」に出かけることがあったら、ぜひ。

旅のおわりに　東京「語源遺産」

やばいよやばいよ！

何が「やばい」って、ページ数の関係で、東京の語源遺産を紹介するスペースがなくなってしまった。校了《こうりょう》ぎりぎりの「どたんば」で、なんとか差し込もうと思ったが、もう遅い。「くだらない」ことばかり書きまくったせいだ。まったく「へなちょこ」野郎だ。

ということで、この「旅のおわりに」では、東京の語源遺産について少々ふれてみたい。

最近は「すごいっ！」「おいしい！」という意味でも使われている「やばい」の語源遺産は、中央区小伝馬町《こでんまちょう》にある江戸時代の牢屋敷《ろうやしき》跡だ。「厄場《やば》」と呼ばれていた。

「首切り浅右衛門《あさえもん》」こと、山田浅右衛門という世襲の死刑執行人がいて、投獄されたら、そりゃあ「やばい！」。多いときで年間二〇〇〇人が獄死したという。安政《あんせい》の大獄《たいごく》（一八五八

〜五九年）でとらわれた幕末の思想家、吉田松陰《しょういん》もここで命を奪われた。

そこは現在オフィス街のど真ん中だが、公園になっていて、石碑や弔《とむら》いの寺「大安楽寺《だいあんらくじ》」が建てられている。寺を寄進したのは、大倉《おおくら》財閥の大倉喜八郎《きはちろう》と、安田《やすだ》財閥の安田善次郎《ぜんじろう》だ。

「やばい」の語源はもう一つ、江戸時代、盛り場で人気だった射的専門の遊技場「矢場《やば》」からという説もある。矢場は、店先に矢場女《やばおんな》がいて、「ちょいとお兄さん、遊んでいかない！」と袖《そで》を引かれる艶《つや》っぽい元祖ゲーセン（ゲームセンター）である。矢を射るだけでなく、店の奥でいろいろあったようだ。理性を失うとたしかに「やばい」かも。

こちらの説をとると、語源遺産は、矢場が盛んだった浅草寺《せんそうじ》や神田《かんだ》明神《みょうじん》のあたりということになる。

「どたんば」の語源遺産は、「やばい」と同じ、小伝馬町の牢屋敷跡だ。

「どたんば」は、漢字で書くと「土壇場」。罪人の首をはねて処刑したあと、すぐ脇にある土を盛った土壇場の上に胴体を寝かせて、首切り浅右衛門が刀の試《ため》し斬《ぎ》りをした。「どたんば」まで連れていかれたら、もうおしまいである。「どたんばで起死回生の大逆転」なんて、夢のまた夢。土壇場でキャンセル「ドタキャン」もありえない。

「くだらない」の語源遺産は、中央区新川《しんかわ》だ。

江戸時代、上方《かみがた》から船で下ってくる灘《なだ》や伏見《ふしみ》の質のいい上等な酒を「くだり（下り）酒」と呼んで珍重した。それに対して江戸近郊の酒は、「くだり酒」ではないので、「くだらない（下らない）酒」だ。そこから転じて、グレードの落ちる安モノ、取るに足らないつまらないモノやコトを「くだらない」というようになった。

当時、毎年新酒の季節に、絞りたてのくだり酒を、大坂から江戸まで新酒番船《しんしゅばんせん》で競って運ぶ帆船レースが大々的に行われた。くだり酒もくだらない酒も、新川の河岸《かし》に数多くあった酒問屋へ集められた。新川は、江戸時代の水上交通の要衝《ようしょう》だった。

今も当時の名残で、新川周辺には全国の酒蔵の支店や酒問屋が多い。なぜかキリンビール本社も新川にある。

もう一つ。「へなちょこ」の語源遺産は、神田明神・男坂《おとこざか》の名料亭「開花楼《かいかろう》」だ。

未熟で役に立たない人をちょっと小ばかにして「へなちょこ」というが、明治時代の新聞記者、野崎左文《のざきさぶん》とその仲間たちが作った言葉である。明治一三（一八八〇）年頃、当時としては珍しい木造三階建ての絶景スポットとして話題となった開花楼でのこと。

内側におたふく、外側に鬼の面、その鬼の角《つの》と顎《あご》が糸底《いとぞこ》になっている洒落《しゃれ》た楽焼《らくや》き風の猪口《ちょこ》に酒をついだら、「ジウジウ」という音がして、酒が猪口に吸い込まれてしまった。開花楼主人で風流人でもあった坂本彦平《ひこへい》が、神田明神下の崖の「へな」で作った猪口だった。「へな」とは、粘りけのある土のこと。「へな」製の「ちょこ」だから「へなちょこ」だ。以来、野崎たちが「外見ばかりが立派で役に立たないこと」を「へなちょこ」というようになり、それが新橋花柳界《しんばしかりゅうかい》の芸者たちに伝わって、ついには一般の流行語となった。

正岡子規《まさおかしき》、島崎藤村《しまざきとうそん》など文人墨客《ぶんじんぼっかく》が愛した開花楼は、現在「新開花《しんかいか》」という名で、場所を神田明神下に移して営業している。春は中庭の桜がみごとだ。

そのほか、東京にかぎらず、まだまだ紹介したい語源遺産はいっぱいある。「びびる」（静岡）、「ろれつがまわらない」（京都）、「金に糸目《いとめ》をつけない」（山梨）、「濡《ぬ》れ衣《ぎぬ》を着せられる」（福岡）、「手ぐすねを引く」（宮崎）、「しのぎをけずる」（岐阜）、「外堀《そとぼり》を埋める」（大阪）、「油を売る」（京都）、「油断する」（滋賀）、「立ち往生《おうじょう》する」（岩手）等々。また、「高嶺《たかね》の花」（インド）、「圧巻《あっかん》」「おこがましい」（中国）、「金字塔《きんじとう》」（エジプト）といった海外にある語源遺産も、いずれ攻略してみたい。

さてこの本は、光文社のＰＲ誌『本が好き！』連載原稿をベースに、「語源の旅」の楽しさや面白さを伝えたいその一心で、大幅に加筆して、さらに書下ろしを加えたものである。秋吉潮編集長と、新書編集部・柿内芳文さんのサポートあっての企画だ。中国籍の芥川賞作家・楊逸《ヤンイー》さんが、連載を楽しみにしてくれていたことも大いに励みになった。語源好きは、日本人だけではなかったのだ。

そのほか、旅のきっかけにもなった『広辞苑』『日本国語大辞典』など辞書編纂に携わっている専門家の方々、資料提供などご協力いただいた皆さん、旅先であたたかく迎えてくれた全国各地の皆さん、本書を手にとっていただいた読者の皆さんをはじめ、ご縁があったすべての皆さんに、心よりお礼申し上げたい。

また、いつも最初の読者になってくれた妻・由美子にも感謝だ。まだ中学生の息子・伊留《いる》加《か》には、いつの日かこの本を手にして旅に出てほしい。語源遺産の旅は、本当に面白いぞ。

そして最後に、母語である日本語をさずけてくれた両親に、ありがとう！

二〇〇九年三月　語源ハンターのベースキャンプ・半蔵門《はんぞうもん》の自宅にて

わぐりたかし

**「太鼓判」とは、戦国武将・風林火山
武田信玄が発行した日本初の金貨、
「甲州金」のことだった。**

円形の貨幣の周囲に、偽造防止のために、
「太鼓の鋲《びょう》」のような模様をつけたことから、
「太鼓判」と呼ばれるようになった。
ここから、絶対的な保障を与えることを、
「太鼓判を押す」というようになったといわれている。

続編予告!?

『太鼓判は山梨で押せ』

甲州金・山梨中銀金融資料館所蔵

わぐりたかし
放送作家・語源ハンター。1961年東京都生まれ。「日本フードジャーナリスト会議」代表。世界遺産から南極大陸までテレビマンとして地球を飛びまわってきたが、本書の企画で「日本語の旅」の面白さ、奥深さに目覚め、「語源ハンター」としてニッポン全国を旅行中。「おこがましい」「登竜門」「不夜城」「高嶺の花」「金字塔」など、海外への語源ハンティングも目論んでいる。座右の銘は「こつこつ」「急がば回れ」だが、実際は「チンタラ」「ごたごた」していて「らちがあかない」。

地団駄《じだんだ》は島根《しまね》で踏《ふ》め　行《い》って・見《み》て・触《さわ》れる《語源《ごげん》の旅《たび》》

2009年3月20日初版1刷発行
2014年4月30日　　3刷発行

著　者 ── わぐりたかし
発行者 ── 丸山弘順
装　幀 ── アラン・チャン
印刷所 ── 萩原印刷
製本所 ── 榎本製本
発行所 ── 株式会社光文社
東京都文京区音羽1-16-6(〒112-8011)
http://www.kobunsha.com/
電　話 ── 編集部03(5395)8289　書籍販売部03(5395)8116
業務部03(5395)8125
メール ── sinsyo@kobunsha.com

ISBN 978-4-334-03498-6